Erzbistum Berlin Gesichter und Geschichten · Band 4

Erzbistum Berlin Gesichter und Geschichten *Band 4*

Porträts und Interviews
mit Fotografien von Walter Wetzler

Tag des Herrn

Inhalt

U-Bhf Hausvogteiplatz

Zum Geleit

In allen Gesichtern und Geschichten, die in diesem Buch zu finden sind, zeigt sich Gott. Sie lassen Erfahrungen mit Gott und die Sehnsucht nach Gott entdecken. Sie berichten von Erfahrungen mit Gutem und Schönem, mit Hoffnung und Zuversicht. Sie lassen zugleich erkennen, dass die Sehnsucht größer ist als die Erfahrung. Und wenn wir als Menschen noch so erfahren sind, bleibt der Wunsch nach »mehr Leben«.

Erfahrungen und Sehnsucht sind nicht abhängig von Geschlecht oder Alter. Sie zeigen sich in der Sakristei und im Büro, in der Kirche und im Zimmer eines Seniorenheims, in Kindertagesstätten und Schulen, Pfarrheimen und Beratungsstellen, Familien und Ordensgemeinschaften, zuhause und unterwegs.

Dieser vierte Band »Gesichter und Geschichten« ist einer Person in besonderer Weise gewidmet: dem Menschen Heiner Koch, der Erzbischof unseres Erzbistums Berlin ist. Er vollendet am 13. Juni 2024 sein 70. Lebensjahr. Er, der Mensch, in dessen Leben die karnevalistische Freude ebenso Platz hat wie die Freude am Himmlischen. Er, der polarisierende Aussagen nicht mag, wirkt tatkräftig mit, Brücken zu bauen, über die man geht, wenn man zerstritten ist. Brücken zu bauen ist eine Gabe, die ihm von Gott geschenkt wurde. Und Brücken zu bauen ist eine der Hauptaufgaben des bischöflichen Dienstes. Gemeinsam mit den Gesichtern in diesem Band danken wir unserem Erzbischof Heiner für sein Glaubenszeugnis, seine hoffnungsvolle Freude und sein leidenschaftliches Engagement.

Unser Erzbischof fordert immer wieder auf, alles zu tun, um in unserer Gesellschaft auf die Beziehung aufmerksam zu machen, die Gott mit allen Menschen sucht. Deshalb ist für ihn der katholische Priester Dr. Carl Sonnenschein eine der Persönlichkeiten unseres Erzbistums, an die er gerne erinnert. Carl Sonnenschein war ein zupackender Mensch, der weniger über die menschlichen Nöte diskutierte, sondern, wo immer es um die Nöte seiner Zeit ging, anpackte. Auch sein Einsatz für die Bildung aller Menschen war herausragend. In seinen Notizen schrieb er am 29. August 1926: »Nicht nörgeln! Nicht abseits stehen! Nicht beleidigt sein! Zufassen! Unser Land aus Wirrnis und Not herausführen! Die christliche Kultur des Landes schützen, pflanzen, entfalten! Der Demut solcher Arbeit gehört der Segen Gottes.«

Die Gesichter stehen stellvertretend für die vielen Menschen in unserem Erzbistum, die tatkräftig anpacken. Die Dankbarkeit für alle Tatkraft verbindet sich mit der demütigen Erkenntnis, dass kein Mensch sein Werk vollenden und sich erlösen kann. So ist mein Wunsch, dass Gott eines Tages alle Werke der Menschen, von denen in diesem Buch berichtet wird, und das Leben aller Menschen in dieser Welt vollende. »Der atembeschlagene Silberspiegel« (Carl Sonnenschein, Notizen 19. Februar 1928), in dem wir die ewigen Dinge schauen, möge dann ersetzt werden durch einen klaren Blick, um Gott zu erkennen, wie er tatsächlich ist.

Pater Manfred Kollig SSCC, Generalvikar im Erzbistum Berlin

Gesichter und Geschichten

Es anderen schön machen

Vera Gabor

führt den Haushalt des Erzbischofs in seiner Wohnung in Berlin-Lichterfelde

»Die Balkons mit den vielen bunten Blumen sahen so schön aus, und auch die öffentlichen Grünstreifen waren ein einziges Blütenmeer.« Wenn Vera Gabor von ihren ersten Berlin-Eindrücken erzählt, klingt sie beseelt, als erinnere sie sich an eine Jugendliebe. »Ja, ich habe mich damals in die Schönheit dieser Stadt verliebt«, sagt sie mit einem Lächeln auf den Lippen. Fast 45 Jahre ist es her, dass sie in ihrer kroatischen Heimatstadt Vukovar zu einer Busreise nach Westberlin aufbrach – und blieb.

Ihrem Vater bereitete es Kummer, seine Jüngste so weit wegziehen zu lassen. »Du wirst einen Deutschen heiraten, und dann sehen wir dich nie wieder«, sah er voraus. »Familie war für mich schon immer etwas sehr Wichtiges und Kostbares. Doch ich war ja auch jung und abenteuerlustig und konnte mir in der grauen sozialistischen Kleinstadt, in der ich groß geworden war, keine Zukunft für mich vorstellen«, beschreibt die heute 66-Jährige ihren damaligen Zwiespalt. Der Vater lag mit seinen Prophezeiungen daneben. Vera Gabor ist bis heute nahezu jedes Jahr zu ihrer Familie nach Vukovar gefahren; auch nach dem Tod der Eltern besucht sie die beiden älteren Geschwister regelmäßig. Und ihr Mann, den sie – eine ganze Weile nachdem sie für die Schönheit Berlins entflammt war – bei einer Kirchenfeier kennen und lieben lernte, ist kein Deutscher, sondern stammt wie sie aus dem Vielvölkerstaat Jugoslawien. Er ist Slowene und war der Arbeit wegen nach Deutschland gekommen.

Waschen, Putzen und für Blütenpracht auf dem Balkon sorgen

Vom Hang seiner Frau, sich mit Schönem zu umgeben und es anderen schön zu machen, profitiert gemeinsam mit ihm eine wachsende Zahl von Menschen: die Söhne Christian und Daniel, eine Schwiegertochter, die Nachbarschaft, die katholische slowenische Gemeinde der Hauptstadt und – seit die beiden in Berlin leben – auch Erzbischof Heiner Koch und Generalvikar Manfred Kollig.

Vier Tage in der Woche führt Vera Gabor dem Erzbischof im Lichterfelder Pfarrhaus den Haushalt, einen hat sie für den Generalvikar in Charlottenburg-Nord reserviert. Sie wäscht, bügelt, kauft ein und putzt – und sorgt dafür, dass auf Fensterbänken und in Nischen der Priesterwohnungen Blühpflanzen gedeihen und sich vermehren. Mit Hingabe reinigt sie im Lichterfelder Pfarrhaus die detailreichen Gründerzeit-Schnitzereien an der Treppenhaus-Wandverkleidung, bei deren kunstvoller Herstellung wohl niemand an die künftigen »Abstauberinnen« gedacht hat. »Es geht mir gut, wenn alles schön ist. Wenn der Herr Erzbischof, Pater Manfred und die Gäste zufrieden sind, bin ich es auch«, sagt die Haushälterin. Beide Chefs machen ihr die Arbeit so angenehm, dass sie ihren Ruhestand gerne noch ein Weilchen hinauszögern möchte, sagt sie. »Man kann mit ihnen über alles reden«, das schätze sie besonders.

»Der Herr Erzbischof hört mir zu«

Wenn der Erzbischof nicht gerade Auswärtstermine habe, starte der Arbeitstag mit einer gemeinsamen Kaffeerunde – zu zweit oder mit Besuchern. »Wie war Ihre Woche? Wie geht es Ihnen? Brauchen Sie etwas?«, fragt Heiner Koch sie dann. Dabei sei er eigentlich immer zu einem Spaß aufgelegt und bringe sie zum Lachen. Sie selbst sei sehr schnell »auf 180«, rege sich auf über Ungerechtigkeiten oder über Dinge, die nicht so klappen, wie sie es sich vorgestellt hatte. »Wenn ich alles aussprechen kann und mir jemand so zuhört wie der Herr Erzbischof, bin ich ganz schnell wieder beruhigt«, stellt sie fest. Sie schätze es, dass er nicht nur hochgestellten Persönlichkeiten seine Aufmerksamkeit schenkt. »Selbst wenn er auf dem Weg ins Erzbischöfliche Ordinariat schon viel zu spät dran ist, bleibt er immer noch auf einen kurzen Wortwechsel bei dem ehrenamtlichen

Küster stehen, der gerade vor dem Haus das Laub kehrt«, hat sie beobachtet.

Kochen zählt zu ihren Aufgaben im Bischofshaushalt nur dann, wenn Besuch kommt. Ihr Chef stelle dabei keine besonderen Ansprüche. Wenn sie ihn fragt, was es denn geben solle, sagt er meist »was Leckeres« und überlässt ihr die Entscheidung. Zu ihren Spezialitäten gehört Balkan-Typisches wie Szegediner Gulasch oder Sarma, die südosteuropäische Variante von Kohlrouladen. Genauso lecker finden ihre Gäste aber auch ihr Chili con Carne. Wenn eine größere Tischgemeinschaft versammelt ist, greift sie gerne auf ihre reiche Auswahl an Auflaufrezepten zurück.

Bei den slowenischen Katholiken, die ihren Treffpunkt seit Jahrzehnten in der – zur Zeit wegen dringender Reparaturen gesperrten – St. Elisabeth-Kirche haben, nur fünf Minuten von der Wohnung der Familie Gabor in Schöneberg entfernt, bringt sie ihre Koch- und Organisationskünste bei Gemeindefesten ein: St. Martin und Nikolaus, Silvester, Fasching. Besonders mag sie das Weinfest, das zur Weinlese im Herbst auf dem Kirchhof gefeiert wird. Dort wächst der Ableger eines Weinstocks aus Maribor im Nordosten Sloweniens. Der rund 400 Jahre alte Weinstock gilt als ältester der Welt. Wie ihre Landsleute in Maribor machen die Berliner Slowenen aus der Lese und dem Keltern der Trauben eine feierliche Zeremonie. Beim jüngsten Weinfest hat Vera Gabor für mehr als 50 Gäste gekocht.

»Ich musste nie leiden unter dem Tito-Regime«

»Wenn ich gewusst hätte, wie viel Zeit ich später einmal mit Kochen verbringen würde, hätte ich wahrscheinlich Köchin gelernt«, sagt die Kroatin. Die beruflichen Möglichkeiten für sie waren überschaubar in ihrer Heimatstadt. Ihren Berufswunsch Friseurin konnte sie sich nicht erfüllen, stattdessen begann sie eine Schneiderlehre. Unter dem Tito-Regime hätten die Jugoslawen größere Freiheiten gehabt, als es andere sozialistisch regierte Völker erlebten, ist ihr dennoch bewusst. »Ich musste nie leiden unter dem Regime«, sagt sie, »aber ich bekam oft zu hören: Wenn du Kommunistin wirst und dich weniger in der Kirche engagierst, hast du Vorteile.« Für größeren Schulerfolg oder einen besseren Job Kirche und Gottesdienst hintanzustellen wäre in ihrer Familie aber für niemanden in Frage gekommen. »Ich habe in der Schule mein Kettchen mit Kreuz um den Hals getragen, obwohl ich wusste, dass mein Lehrer das nicht mochte«, erinnert sie sich.

Als Widerstandskämpferin sieht sie sich selbst aber nicht. Ihre Mutter dagegen hat sie als sehr mutig und geradlinig in Erinnerung: »Sie hat gesagt, was sie denkt, ob es anderen passte oder nicht.« Auch in ihrer Bereitschaft zu teilen, obwohl sie selbst wenig hatte, sei die Mutter ihr ein Vorbild. »Ich erinnere mich, wie sie einmal nachts aus der Spätschicht in der Schuhfabrik nach Hause kam und einen sechs- oder siebenjährigen Jungen dabeihatte, der auf der Straße herumgeirrt war und nicht wusste, wo er hingehört. Ohne Telefonanschluss war es um diese Uhrzeit nicht möglich, seine Familie zu finden. Sie hat ihn kurzerhand mit nach Hause genommen und zu mir ins Bett gepackt. Am nächsten Tag nach dem Frühstück haben wir seine Leute gesucht und schließlich gefunden.«

»Die Muttergottes guckt nach uns«

Während des Jugoslawienkriegs Anfang der 1990er Jahre war es für Vera Gabor besonders hart, von ihrer Mutter und der Familie getrennt zu sein, gerade als Vukovar unter Belagerung stand und schließlich durch Bombardements zu großen Teilen zerstört wurde. Verwandte von ihr sind in diesem Krieg gestorben, doch ihre Eltern und die Geschwister haben überlebt. »Mein Vertrauen in Jesus, in die Muttergottes, den ›heiligen Anton‹ und den heiligen Josef ist in dieser Zeit sehr gewachsen«, sagt sie. Zugleich ist Krieg für sie etwas Nahes und Greifbares geworden. Sie hat eine Ahnung, was es bedeuten könnte, wenn Russland seinen Krieg auf andere Länder ausweiten würde. Manchmal fragt sie sich: Was wäre dann mit meinen beiden Söhnen? Natürlich möchte sie ihre Kinder in Sicherheit wissen, zugleich weiß sie aber auch: Wenn niemand bereit ist, in den Krieg zu ziehen, steigt die Gefahr, das eigene Land zu verlieren. Sie sehnt sich nach Frieden, fragt sich manchmal, wie Gott all das, was gerade in der Welt geschieht, zulassen kann. Und ringt sich dann immer wieder zur Zuversicht durch: »Die Muttergottes guckt nach uns. Sie wird nicht erlauben, dass uns etwas passiert.«

In ihrer Elisabeth-Kirche zündet sie gerne Kerzen an, vor der Marienstatue und den Bildern der Heiligen Josef und Antonius. »Sie haben mir so oft geholfen, gerade wenn es Sorgen in der Familie gab«, ist sie überzeugt. Einer ihrer Lieblingsorte in dieser Kirche ist das große Fenster, das einen slowenischen Heiligen zeigt, mit einer Inschrift, die auf Deutsch bedeutet: »Der Glaube soll uns Licht sein.«

Vera Gabor ist keine Frau, die große Worte um ihren Glauben macht. »Was er mir bedeutet, kann ich nur schwer ausdrücken«, sagt sie nachdenklich. »Manchmal spürst du da etwas. Vor ein paar Monaten zum Beispiel, als ich in Medjugorje war, da war so ein Gefühl, weinen zu müssen und lachen zu müssen, alles zusammen.«

Haushälterin schon bei Kardinal Sterzinsky

Die Arbeitsstelle beim Erzbischof habe sie nicht nur ihren Heiligen zu verdanken, sondern auch dem slowenischen Seelsorger Izidor Pecovnik, »ein Priester mit Herz, genau wie unser Erzbischof«, wie sie sagt. Dori, wie der Pfarrer von den Gemeindemitgliedern liebevoll genannt wird, wusste, dass sie ihre vorherige Arbeit in einer Altenheim-Wäscherei verloren hatte und dass Heiner Kochs Vorvorgänger, Kardinal Georg Sterzinsky, eine Haushälterin brauchte. Da der Kardinal damals gerade in Urlaub war, führte dessen Schwester das Vorstellungsgespräch. Ihr eilte der Ruf voraus, sehr strenge Maßstäbe an die Bewerberinnen für diese Aufgabe anzulegen. Vera Gabor ging also mit klopfendem Herzen in das Gespräch – und kam sehr erleichtert wieder heraus. Sie war wohlwollend empfangen worden und bekam einen großen Vorschuss an Vertrauen. Zweieinhalb Jahre arbeitete sie dann bei Kardinal Sterzinsky, bis zu seinem Tod. »Das war auch eine schöne Zeit, mit vielen guten Gesprächen«, berichtet sie.

Sein Nachfolger, Kardinal Rainer Maria Woelki, wollte keine Haushälterin haben, nur wenn er Besuch hatte, sollte sie ihm zur Hand gehen. Sie wurde trotzdem nicht entlassen, sondern in den technischen Dienst des Erzbischöflichen Ordinariats übernommen. Dort blieb sie, bis sie kurz nach Heiner Kochs Ernennung zum Erzbischof seinen Anruf erhielt. Wenn sie miterlebt, wie voll der Terminkalender ihres Chefs ist und wie selten er Bittsteller abweist, hat sie sich in den letzten sieben Jahren oft Sorgen um ihn gemacht. »Schonen Sie sich ein bisschen«, hat sie ihm schon öfter gesagt, »das Bistum bleibt, Sie vielleicht nicht.« In dieser Angelegenheit höre er wohl eher nicht auf sie, denkt sie.

Die Schönste ist die St. Elisabeth-Kirche

Und was ist aus dem Glanz geworden, mit dem Berlin sie Ende der 1970er Jahre verzaubert hat?

Der ist inzwischen ein wenig verblasst. Blühende Blumen auf Balkonen, Verkehrsinseln und Rabatten sind rar geworden. So freundlich, wie sie als Ausländerin hier einst willkommen geheißen und unterstützt wurde, werden Neuankömmlinge heute nur noch selten empfangen, ist ihr Eindruck. »Ich konnte ja nur ein paar Worte Deutsch aus der Schule«, erzählt sie. Verkäuferinnen und die Nachbarschaft hätten viel Geduld mit ihr gehabt und sich Zeit genommen, sie zu verstehen. Der Arzt habe damals noch jeden Patienten mit Handschlag begrüßt. »Heute sind die meisten ständig so beschäftigt, dass sie kaum mehr Zeit haben für Fremde«, meint sie.

Dennoch: Schönheit lässt sich an allen Orten finden. Davon ist Vera Gabor überzeugt. Überall kann sie etwas davon entdecken, wenn auch nicht immer auf den ersten Blick. In der von Sichtbeton dominierten St. Canisius-Kirche in Wilmersdorf fällt es ihr beispielsweise ziemlich schwer, Schönheit auszumachen. In ihrer mit viel Holz ausgestalteten Elisabeth-Kirche kommt sie ihr dagegen in jedem Winkel entgegen: »Sie ist die Schönste von allen, ein bisschen mein Zuhause.«

»Befreundet sein kann ich nicht mit jedem. Aber die Schönheit jedes Einzelnen aufspüren, das ist der Mühe wert. Das möchte ich.«

Zu ihrer Hochzeit wünschte sie sich Orchideen, doch eigentlich findet sie jede Blume auf ihre eigene Art schön. So geht es ihr auch mit den Menschen. »Ich habe wirklich noch niemanden kennengelernt, an dem ich nicht irgendetwas Schönes, Liebenswertes hätte finden können«, beteuert sie. »Befreundet sein kann ich nicht mit jedem«, gesteht sie sich ein, »aber die Schönheit jedes Einzelnen aufspüren, das ist der Mühe wert. Das möchte ich.«

*Dorothee Wanzek**

**über die Autorin Seite 85*

»Caritas ist meine Berufung«

Nachdem Dr. **Gabriele Pollert** *unverhofft wohlhabend geworden war, steckte sie einen großen Teil des Vermögens in die Gründung einer Stiftung, um zu helfen, wo sie die drängendsten sozialen Probleme sieht*

Gabriele Pollert hat in Berlin ein erfolgreiches Sozialunternehmen gegründet, sie trägt einen Doktortitel, und gemeinsam mit ihrem Mann Georg hat sie es zu einigem Wohlstand gebracht. Als sie 1955 als ältestes von sechs Kindern einer Schwarzwälder Bauernfamilie zur Welt kam, schien für sie eine andere Zukunft vorgezeichnet. Vor ihr hatte es im katholischen Dörfchen Fischerbach bei Haslach im Kinzigtal kein einziges Mädchen mit Abitur gegeben. Gabriele Pollert ist sich ihrer starken Wurzeln immer bewusst gewesen. Sie weiß den Zusammenhalt der Großfamilie zu schätzen, die selbstverständlich gelebte Frömmigkeit, die dörflichen Traditionen, und doch wollte sie immer auch über die Begrenzungen ihres Tales hinauswachsen. Sie nutzte alle Möglichkeiten, die das Dorf ihr bot, zum Beispiel

REISE
Marco Politi Das FRANZISKUS-KOMPLOTT
JOSEPH RATZINGER
Johannes XXIII

arbeitete sie schon als Kind in der Pfarrbücherei mit und war dadurch stets mit frischem Lesestoff versorgt.

Bauernmädchen unter »höheren Töchtern«

Eine Dorfschullehrerin erkannte ihre Begabung und überzeugte schließlich die Eltern, das Kind aufs Gymnasium zu schicken, in ein katholisches Mädcheninternat. Ins Internat zu gehen, hatte in Fischerbach bis dahin bedeutet, eine Priesterlaufbahn einzuschlagen, und das gab es natürlich nur für Jungs. Auch in Gabriele Pollerts Verwandtschaft hatten schon einige Jungen diesen Weg gewählt. Ein Mädchen im Internat? Das wirkte auf die Dörfler befremdlich, und im Gymnasium hatte die Fischerbacherin dann als einziges Bauernkind unter »höheren Töchtern« ihren Exotenstatus ebenfalls sicher. »Ich habe gar nicht versucht, dazuzugehören oder mir den breiten Dialekt meines Dorfes abzugewöhnen, aber ich habe mich auch nicht beirren lassen. Ich wusste genau, was ich wollte: lernen, und zwar so viel wie möglich«, erinnert sie sich.

Die Hürden auf ihrem Bildungsweg haben sie beflügelt, jungen Menschen Wege zu ebnen, die es in Schule, Ausbildung und Karriere schwer haben. So hat sie zum Beispiel Mitte der 1990er Jahre als Geschäftsführerin eines süddeutschen Caritas-Kreisverbands Schulsozialarbeit eingeführt, um Schüler mit Lernhindernissen besser unterstützen zu können.

Im Erzbistum Berlin hat sie 2007 gemeinsam mit ihrem Mann die gemeinnützige GmbH Theophanu gegründet, die Trägerin der Schulsozialarbeit an mehreren kirchlichen und staatlichen Schulen ist und darüber hinaus Kitas betreibt. Benannt ist der soziale Träger nach der Gattin Kaiser Ottos II., die sich vor rund tausend Jahren für die Bildung ihrer Töchter und ihres Sohnes Otto III. starkgemacht hatte.

Seit einigen Jahren engagiert sich Gabriele Pollert unter anderem im Hildegardis-Verein als selbständige Mentorin, um Frauen den Aufstieg in Führungspositionen bei der Caritas zu bahnen. Zunutze macht sie sich dabei, dass sie selbst mehrere Ausbildungen und Studienabschlüsse vorweisen kann, als Erzieherin und als Ökonomin, in Sozialarbeit, Erziehungswissenschaften und Soziologie.

Auch ihr vielseitiges kulturelles Interesse bringt sie ein. Besonders der Literatur und der Musik widmet sie ihre Zeit – auch dies in den Fußstapfen der Familie. Ihr Großvater gründete einst die Fischerbacher Musikkapelle, ihre Mutter sang ihr Leben lang im Kirchenchor. Sie selbst spielt Klavier und Flöte und singt gerne – eine Leidenschaft, die sie mit ihrem Mann teilt.

Helfen, wenn's brennt

»Nicht nur auf mich selbst zu schauen, mich um andere zu kümmern, Verantwortung zu übernehmen in Kirche und Gesellschaft – all das hat mir meine Familie vorgelebt«, sagt Gabriele Pollert. Sie weiß noch, dass in ihrem Dorf einmal ein Bauernhof abbrannte: »Meine Eltern haben kurzerhand unser altes Nebenhaus geräumt und den wohnungslos gewordenen Bauersleuten ermöglicht, dort vorübergehend ein Obdach zu finden.« Dass sie gelegentlich eine ihrer Mitschülerinnen mit nach Hause brachte, die aus Lateinamerika oder Spanien kamen und deshalb in den Ferien nicht zu ihrer Familie konnten, war kein Problem. Ebenso unkompliziert war die Mutter, wenn der Bruder nach der Schulmesse seine Schulfreunde mit zum Frühstück brachte – ziemlich ausgehungert, denn damals galt noch ein dreistündiges Nüchternheitsgebot vor dem Kommunionempfang.

»Nicht nur auf mich selbst zu schauen, mich um andere zu kümmern, Verantwortung zu übernehmen in Kirche und Gesellschaft – all das hat mir meine Familie vorgelebt.«

Von Kind an hätten die Eltern sie auch zu den Caritas-Sammlungen motiviert. Da galt es, mit der Sammelbüchse auch die abgelegensten Höfe zu besuchen. »Schon damals fühlte ich mich zur Caritas hingezogen«, ist ihr heute bewusst. Es sei also kein Zufall, dass sie fast ihr ganzes Leben lang bei der Caritas gearbeitet habe oder bei sozialen Trägern unter dem Dach des Verbands – dem Verein IN VIA, dem Sozialdienst Katholischer Frauen oder der Theophanu. »Caritas ist meine Berufung«, sagt sie.

Auch über die beruflichen Dienstzeiten und ihre

aktuellen Ehrenämter im Berliner Diözesanrat, im Diözesanvermögensverwaltungsrat sowie im CDU-Ortsverband hinaus kümmert sie sich um Nöte Einzelner. Sie tut das mehr denn je, nachdem sie die meisten ihrer geschäftlichen Leitungsaufgaben abgegeben hat. Zusammen mit ihrem Mann begleitet sie seit 2015 zum Beispiel zwei vor dem Krieg geflüchtete afghanische Familien, die sie vorübergehend auch in ihrem Haus aufgenommen hatten. Sie halfen ihnen, mit der Lebenskultur und den Spielregeln in Deutschland vertraut zu werden, Deutsch zu lernen und eigene Wohnungen zu finden. Manchmal stößt Gabriele Pollert beim Helfen auch an ihre Grenzen. »Ich finde es so wichtig, dass diese Familien sich hier integrieren. Wenn die Frauen allerdings nicht motiviert sind, einen Beruf zu erlernen oder arbeiten zu wollen, kann ich das nur sehr schwer aushalten«, räumt sie ein.

Wie viel Hilfe kann ich geben? Wann ist es Zeit, sich zurückzunehmen, weil der Unterstützte nun gut selbst klarkommt oder weil der Erhalt der eigenen Kraftquellen wichtig ist? Dies zu entscheiden erlebe sie oft als Gratwanderung, sagt sie. Oft sinnt sie in solchen Entscheidungsphasen darüber nach, was es eigentlich bedeutet, dass jeder Mensch ein Geschöpf Gottes ist, und breitet ihre Gedanken und offenen Fragen dann vor Jesus aus.

Ein »Pauluserlebnis«

So vertraut wie heute war ihre Gottesbeziehung nicht immer. Während ihres Studiums gab es eine Phase, in der sich bei ihr Zweifel einschlichen, ob es Gott überhaupt gibt: Könnte es sein, dass alles, was man ihr bisher über ihn gesagt hatte, nur der Fantasie entsprang, fragte sie sich damals öfter. Ein »Pauluserlebnis« habe sie dann zum Glauben zurückgeführt: Zwei Wochen vor Weihnachten hatte ihr damaliger Freund nach vier Jahren überraschend mit ihr Schluss gemacht. Sie war erschüttert. Noch heute kann sie sich genau erinnern, was sie in dieser Situation fühlte und tat: »Ich rannte nach draußen, auf eine weite, schneebedeckte Anhöhe und schrie meinen Schmerz laut hinaus.«

Doch irgendwann nahm sie in sich eine tiefe Gewissheit war: »Es war wie ein Geistesblitz. Ich wusste, dass ich in eine Freikirche gehen sollte.« In der freikirchlichen Gemeinde, die sie bald darauf besuchte, habe sie eine Beziehung zu Jesus gefunden, auf eine sehr emotionale Weise. Der persönliche Segen, den sie dort empfing, hat sie gestärkt, die Musik ihr Halt gegeben. Zweimal hat sie in der folgenden Zeit das Neue Testament von vorne bis hinten durchgelesen – mit großem inneren Gewinn, wie sie sagt. Nach fünf, sechs Jahren war sie der Gemeinde dann aber entwachsen. »Man nahm dort die Bibel zu buchstäblich, das kam mir naiv vor«, begründet sie ihre Entscheidung, sich wieder der katholischen Gemeinde anzunähern. Mit der Bibel und ihren tiefenpsychologischen Bedeutungen beschäftigt sie sich weiterhin, aber oft in einer kritischen Auseinandersetzung, in einem Ringen darum, was die Schriftworte ihr sagen könnten.

Frühaufsteher und Spätberufene

Ein biblisches Gleichnis, das sie beeindruckt, ist die Erzählung vom Arbeiter der letzten Stunde, der den gleichen Lohn erhält wie der Frühaufsteher, der gleich morgens im Weinberg angetreten ist. »Ungerecht«, findet sie. »Wenn ich mir dann allerdings vor Augen halte, dass er vielleicht den ganzen Tag vergeblich nach Arbeit gesucht hatte, scheint es mir doch gerecht.« Auf Anhieb eingängig ist ihr dagegen das Gleichnis der Witwe, die dem Richter gegenüber so hartnäckig ist, dass er ihren Bitten schließlich nachgibt. Vieles, was sie in ihrem bisherigen Leben bewirken konnte, um Menschen zu helfen, habe sie dank ihrer Hartnäckigkeit und Ausdauer geschafft. Auch im Glauben brauche es Beharrlichkeit, meint sie.

Ihre Bindung an die Kirche sei bis heute eng geblieben, obwohl die es ihr manchmal schwer gemacht habe. Als unbarmherzig hat sie beispielsweise Kirchenvertreter des Erzbistums Freiburg empfunden, als ihr nach 22 Jahren in Caritas-Leitungsverantwortung ein Karrieresprung in Aussicht gestellt wurde. Der Stellenwechsel wurde ihr vom Bischof dann doch verwehrt, weil ihr Mann, den sie neun Jahre zuvor geheiratet hatte, schon einmal verheiratet gewesen war. »Ich habe diese Entscheidung nicht verstanden«, beschreibt Gabriele Pollert ihre damalige Enttäuschung, »Es ging da ja nicht um eine Stelle im Verkündigungsdienst, ich hätte einfach weiterhin eine sehr ähnliche Arbeit gemacht wie schon so viele Jahre zuvor. Doch obwohl sich viele Menschen für mich einsetzten, war an der Entscheidung nicht mehr zu rütteln.« Zuerst fühlte sie sich beruflich aus der Bahn geworfen, letztlich sei sie aus dieser

Erfahrung aber gestärkt hervorgegangen, mit einer größeren inneren Freiheit und einem geschärften Blick für Wesentliches. In ihrem Handeln ist sie vor allem Gott und ihrem Gewissen verpflichtet, sei ihr seither noch bewusster. Diese Erkenntnis mache sie auch gelassener im Umgang mit kirchlichen Entscheidungen, die sie kritisch sieht.

Geldsegen birgt Verantwortung

Der geplatzte Stellenwechsel war dann auch ausschlaggebend, nach Berlin zu ziehen, näher zu ihrem Mann, der sich einige Jahre zuvor in Ostdeutschland mit einem Biokraftstoffunternehmen selbständig gemacht hatte. Der Betrieb florierte, und nach dem erfolgreichen Börsengang war den Ehepartnern klar: Solcher Geldsegen birgt zugleich eine Verantwortung. Das biblische Bild vom Reichen, der schwerer ins Himmelreich gelangt als ein Kamel durch ein Nadelöhr, versteht die unverhofft wohlhabend gewordene Gabriele Pollert keinesfalls als Aufforderung, all ihren Besitz zu verkaufen. »Uns ist es wichtig, unser Herz nicht an das Geld zu hängen, eine dankbare Haltung zu bewahren und damit Gutes zu tun«, betont sie. Einen großen Teil der Gewinne des Börsengangs steckten die beiden in die Gründung einer Stiftung. Als eine Art Luxus empfindet es Gabriele Pollert, bei ihrer Hilfeleistung nicht davon abhängig zu sein, wofür es gerade staatliche Fördermittel gibt. »Wir können dort helfen, wo wir die drängendsten Probleme sehen«, sagt sie.

Aus den fünf Jahren, die das Ehepaar Pollert in Berlin bleiben wollte, sind nun fast 20 geworden. Der Gedanke, weiterzuziehen, noch einmal Neues zu wagen, arbeitet in beiden. Dass Gabriele Pollert vor einigen Jahren die Geschäftsführung von Theophanu abgegeben hat, dass sie im vergangenen Jahr den Zusammenschluss der gGmbH mit dem katholischen Mädchen- und Frauenverein IN VIA vollzogen hat, eröffnet ihr die Freiheit, diesen Gedanken weiterzuspinnen.

Der Name Theophanu lebt in der Stiftung fort, die sie zusammen mit ihrem Mann gegründet hat, um weiterhin Herzensprojekte unterstützen zu können – von wo aus auch immer. »Vielleicht rücken wir bald wieder ein Stück näher an meine Schwarzwälder Wurzeln«, überlegt Gabriele Pollert. An Ideen, was sie dort tun könnte, mangelt es ihr nicht. Gerne würde sie sich in einer Gemeinde engagieren – im Pfarrbüro helfen, einen Literaturkreis gründen oder sich einer Küstergruppe anschließen, so wie ihre Mutter. Die war in ihrem Ruhestand 20 Jahre lang die Mesnerin von Fischerbach.

*Dorothee Wanzek**

**über die Autorin Seite 85*

Heimat ist der Ort, an dem man begraben werden will

Für den gebürtigen Bayern Prof. Dr. **Johann Evangelist Hafner** *ist das Potsdam*

Von hier ist er nicht, verrät schon sein Vorname: Johann Evangelist. Deshalb nennt er sich schlicht Hans. 2004 kam Hans Hafner von Augsburg nach Potsdam. Er sagt »Grüß Gott« und zu seinem E-Bike »Stromradl«, mag – obwohl er »Flexitarier« wurde – Weißwürste mit süßem Senf. Ein seltenes Hobby hat er auch, er beobachtet Vögel. Besonders die Nachtigall hat es ihm angetan, »weil in ganz Bayern kaum eine Nachtigall zu hören ist«.

Zunächst wollte der Religionswissenschaftler, einem Ruf der Universität Potsdam folgend, allein in Brandenburgs Landeshauptstadt ziehen, ohne seine Frau Regina und die Kinder. »Am Wochenende zu pendeln, im ICE sechs Stunden Zeit zum Arbeiten zu haben, fand ich gut. Aber Regina nicht.« Also zogen Mutter, Vater und drei Kinder, damals 14, zwölf und neun Jahre alt, nach Potsdam. Neue Schule, neue Freunde, andere Sitten: In der Klasse gingen fast alle zur »gewendeten« Jugendweihe und sonntags auf den Fußballplatz statt in die Kirche. Neue Nachbarn und Arbeitskollegen, eine andere politische Landschaft. Ganz schön mutig, eine ganze Familie »umzutopfen«. Und ja, es gab auch die eine oder andere »Rückzugsphantasie«, gibt er zu, doch ernsthaft erwogen wurde sie nicht.

Mittlerweile lebt und arbeitet Hans Hafner seit zwanzig Jahren in Potsdam. Ist nun Bayern oder Brandenburg Heimat? Er schmunzelt: »Heimat ist der Ort, an dem jemand begraben werden will, und das ist für mich Potsdam.« Einen schönen Platz hat er sich auch schon ausgesucht, der Bornstedter Friedhof hat es ihm angetan.

In Potsdam als »Zugereister« anzukommen war überhaupt nicht schwer, erinnert er sich, »weil sich in Potsdam die Hälfte der Bevölkerung ausgetauscht hat nach der Friedlichen Revolution. »Hier leben Schwaben, Bayern, Westfalen, und irgendwie finden die Bayern überall immer wieder zueinander.« Und reden dann im Dialekt, weil es auch eine sprachliche Heimat gibt: »Besonders herzlich oder besonders beleidigend kann ich nur auf Bayerisch sein«, sagt er und lacht.

»Das Katholische passt zu meiner Person«

Auch die Propsteigemeinde St. Peter und Paul habe es ihnen leicht gemacht: »Wir wurden ruckzuck integriert, das geht besonders gut über den Katholizismus.« Handfest und mit Herzblut engagiert sich der Professor in Gemeinde und Pfarrei: »Das Katholische passt zu meiner Person, darin bin ich aufgewachsen. Ich bin stolz auf unsere Tradition und auf die Liturgie. Ich finde, wir haben eine sehr schöne Liturgie, die sollten wir pflegen. Ja, ich bin gern katholisch. Die meiste Zeit jedenfalls.«

Johann Evangelist Hafner wurde 1963 in Rain am Lech im schwäbischen Landkreis Donau-Ries geboren. Er ist Lehrerskind, wuchs in einem »Bücherhaushalt« auf: »Meine Eltern haben immer viel gelesen, und auch für mich ist Lesen ein Lebenselixier, bis heute.«

Lehrer wollte er aber nicht werden, sondern – Priester: »Das kam vom Ministrieren. Das war irgendwie mein erstes öffentliches Amt. Das hab ich ernst genommen.« Besonders wurde er bei Beerdigungen eingesetzt. Oft waren es nur der Pfarrer, der Küster und er, die einen Verstorbenen auf dem letzten Weg begleiteten: »Da hab ich mich als Vertreter all der Abwesenden gefühlt, jemandem die letzte Ehre zu erweisen.« Außerdem habe er schon als Jugendlicher viel nachgedacht, »zum Beispiel darüber, ob es etwas Unendliches gibt und was das Leben als Ganzes soll«. Zwei seiner vier Geschwister sind im Kindesalter gestorben, ein Bruder als Baby, eine Schwester mit acht Jahren. Nach dem Tod der

Achtjährigen, sie starb an Leukämie, hatte die Mutter ihre »Grundfröhlichkeit« verloren, fügt er nachdenklich hinzu, »sie hat nie mehr so richtig gelacht«.

Der Wunsch, Priester zu werden, hatte Bestand. In der Gymnasialzeit verliebte er sich »unsterblich« in eine Mitschülerin und sie in ihn. »Aber in einem Akt von jugendlichem Heroismus trennte ich mich von ihr.« Nach dem Abitur studierte er Katholische Theologie und Philosophie an den Universitäten

Augsburg und München sowie an der Universität Vigan auf den Philippinen. Dort kämpften seit den 1970er Jahren Aufständische gegen die Marcos-Diktatur. Einige Steyler Missionare, in deren Pfarrhäusern Hans Hafner wohnte, unterstützten die Befreiungskämpfer. Manche Priester wechselten sogar zur New People's Army und gingen für Jahre in den Untergrund, »was mich befreiungstheologisch inspirierte. Ich war relativ links damals.« Inzwischen hat er ein Buch über diese Zeit und die Rebellenpriester geschrieben.

Halb Seminarist, halb Liebhaber geht nicht

Zurück in Bayern studierte er ein Jahr in München, bevor er in das Augsburger Priesterseminar zurückkehrte. Er lernte Regina kennen und verliebte sich in die Musiklehrerin. »Eine Zeit lang war ich halb Seminarist, halb Liebhaber«, erzählte er, »und irgendwann wurde mir klar, nee, das geht so nicht, also nicht Priester.« Seit er die Entscheidung für Ehe und Familie getroffen hat, habe er nicht eine Sekunde lang gehadert. Aber bis er sie treffen konnte, durchlebte er ein Jahr der Zerrissenheit, des Überlegens. Ein geistlicher Begleiter half ihm aus dieser Krise.

Regina und Hans Hafner heirateten. Beide engagierten sich in ihrer Pfarrgemeinde, gestalteten zum Beispiel mit Begeisterung kreative Kindergottesdienste, als ihre Kinder noch klein waren. »Vermutlich wurde ich deshalb immer mal gefragt, ob ich nicht Diakon werden wolle.«

Das wurde er später auch, doch zunächst ging die akademische Laufbahn weiter. Von 1990 bis 2002 war Hafner Assistent am Lehrstuhl für Pastoraltheologie an der Universität Augsburg. 1995 wurde er in Philosophie promoviert. 2001 folgte die Habilitation für Systematische Theologie. Drei Jahre später, 2004, erhielt er einen Ruf nach Koblenz und einen nach Potsdam. Er entschied sich für Potsdam, »weil das die interessantere Stelle war: Religionswissenschaft mit dem Schwerpunkt Christentum«.

Hier untersucht er unter anderem die religiösen, spirituellen und weltanschaulichen Gruppen in Potsdam und im Land Brandenburg. Aus den Feldforschungen wurde ein dickes Buch, denn 74 Gruppen waren zu beschreiben – von Adventisten bis Buddhisten, von den Bahá'í bis zu den Freimaurern. Allen religiösen Gruppen gemeinsam sei, dass sie gesellschaftliche Minderheiten sind, erläutert er. Hinzu käme, dass die Mehrheit der Bevölkerung zwischen Rügen und Erzgebirge Religion inzwischen »bewusst ausschließt«, was es in der Geschichte so noch nie gab: »Man kann in der Moderne achtzig Jahre lang unbehelligt leben, ohne Glaubensfragen zu stellen.«

Die »Sachbearbeiter Gottes«

Ein weiterer Forschungsschwerpunkt sind die Engel. »Sachbearbeiter Gottes« nennt Hans Hafner sie. Gegenwärtig glaube noch ein Viertel der Deutschen an den persönlichen Gott der Bibel, an Engel und Geistwesen aber zwei Drittel. Ursachen dafür sieht er in der Privatisierung der Religion und dass die Liturgien und Riten der Kirchen vielen lebensfern erscheinen. Sie suchten nach »alltagstauglicher Spiritualität«, wofür sich die Engel eigneten. »An sie kann man sich bei den eigenen kleinen Anliegen wenden.«

So harmlos, wie das klingt, sei es aber nicht, »weil wir es mit einer Art Polytheismus zu tun haben. Es gibt einen Engel für Erfolg im Job, einen für Glück in der Liebe. Und einen für die reibungslose Trennung vom Partner. Engel werden nicht mehr als Sendboten Gottes begriffen, sondern als eigenmächtig Handelnde.« Um dieser Entwicklung entgegenzusteuern schlägt er vor, die persönlichen Anliegen der Gläubigen stärker zu beachten: »Die Ecke in der Kirche, in der ich eine Kerze anzünden kann für den kranken Kollegen, ist so eine Form.« Einen Lieblingsengel hat er aber doch, es ist Rafael. »Rafael steht einerseits prominent am Thron Gottes, andererseits ist er als Gottes Gesandter inkognito bei den Menschen als ›Reiseführer‹ unterwegs.«

Von den »Sachbearbeitern Gottes« kommt der Theologe auf deren »Auftraggeber« zu sprechen. Gott, erklärt er, sei derjenige, aus dem alle Dinge hervorgingen und zu dem alle Dinge am Ende zurückfließen werden: »So eine Art wohlwollender Urknall, der alles, was wir erleben, in gewisser Weise vorgebahnt hat, und alles, was neben dieser Bahn, neben der göttlichen Spur läuft, wieder richten und zurückführen wird in das große Ganze.«

»Dass Gott Mensch wird ist so schräg, das können sich Menschen nicht ausgedacht haben. Da hat sich Gott selbst zu Wort gemeldet.«

Persönlich mag er das Bild vom Fisch im Meer: »Gott umgibt mich wie das Wasser den Fisch und bringt mich zum Schwimmen. In Gott leben wir, bewegen wir uns und sind wir.« Das Christentum sei transzendentalen Ursprungs, ist er überzeugt: »Dass Gott Mensch wird ist so schräg, das können sich Menschen nicht ausgedacht haben. Da hat sich

Gott selbst zu Wort gemeldet. Würde ich das nicht glauben, könnte ich nicht Diakon sein.«

Seit 2005 ist Hans Hafner nebenberuflich Ständiger Diakon. »Klar frisst dieses Amt viel Zeit, an Wochenenden, wenn ich in Gottesdiensten predige, oder wenn ich nach der Arbeit in der Pfarrei unterwegs bin«, gibt er zu und ist dankbar, dass seine Frau es mitträgt. »Vielleicht denkt Regina aber auch, das ist besser, als wenn er ins Wirtshaus geht«, fügt er hinzu und schmunzelt.

»Dieser verdammte Ich-Zentrismus«

Dass er einerseits Religionswissenschaftler und andererseits ein religiöser Mensch ist, findet er »schon a bissl schizophren«, weil: »Sonntags trage ich das goldene Evangeliar in die Kirche und verkünde das Wort des lebendigen Gottes, und in der Woche zerrupfe ich dieses Wort historisch-kritisch.« Manchmal ginge es ihm auch beim Beten so: »Zum Beispiel, wenn es im Psalm heißt ›so spricht der Herr zu meinem Herrn‹, dann rattert es in meinem Kopf los: ›zweimal Herr, wer ist hier welcher Herr‹, und ich muss mich bewusst wieder nach Gott ausstrecken.« Schließlich sei es Sinn des Betens, diesen »verdammten Ich-Zentrismus« zu verlassen, um etwas mitzuvollziehen, »das mich übersteigt, nämlich einzustimmen in den ewigen Kult, in die große Symphonie des Sanctus«.

Doch auch tiefster Glaube garantiert kein schmerzfreies Leben. Ängste können in einem hochkriechen, bis man keine Sonne mehr sieht. Hans Hafner, ein agiler, kommunikativer Typ, hatte über Jahre mit Schwermut und Depressionen zu kämpfen. Seine Ängste waren behandelbar: »Ein Psychiater hat die richtigen Medikamente für mich gefunden, so dass ich wieder genuss- und arbeitsfähig bin.« Andere Ängste, etwa vor Entscheidungen oder Herausforderungen, seien dagegen lediglich Aufgeregtheiten, die er gelassen und im Gebet aushalten kann. »Religion ist für mich die Sprache, in der man die Welt nicht so wichtig nehmen muss, wie die Welt glaubt, wichtig zu sein.«

Für Johann Evangelist Hafner ist es lebenswichtig, Freude und Ärger, Ängste und Hoffnungen mit Gott zu besprechen. »Ich bete in der Tradition des Christentums, bete Gott an, danke ihm oder beklage mich bei ihm. Am Schluss bete ich für jemanden oder um etwas. Doch auch wenn ich nicht beten würde, weiß Gott um mich und birgt mich in einem mir unzugänglichen Heilswillen.« Und da er einen Schlüssel zur Propsteikirche hat, setzt er sich manchmal still in eine Bank, erzählt er. »Wenn ich gefragt werde, warum ich das tue, sage ich, dass ich Gott a bissl Gesellschaft leisten will. Ist theologisch nicht grad hochtrabend. Mir hilft's, immer wieder Kontakt zu Gott aufzunehmen.«

*Juliane Bittner**

**über die Autorin Seite 38*

»Wer darf wohnen im Hause des Herrn?«

Piotr Tazbir *durfte es 22 Jahre lang als Küster der Sankt Hedwigs-Kathedrale*

Seinen ersten Arbeitstag in der Sankt Hedwigs-Kathedrale hatte Piotr Tazbir an Silvester 1999, in der »Nacht der Nächte vom 20. zum 21. Jahrhundert«, wie er sich erinnert. Obwohl er als zweiter Küster anfing, hatte er die Verantwortung für die Kathedrale, die an diesem sehnsüchtig und bang erwarteten Jahreswechsel »mit Menschen geflutet« war. Der damalige Dompropst Otto Riedel harrte mit ihm aus. Punkt Mitternacht läutete Piotr Tazbir »von Hand« die Glocken, »da wusste noch keiner, ob das alles funktionieren würde, aber es ging alles gut«. Dass es sehr viel geschneit hat in dieser Nacht, auch daran kann er sich erinnern.

Er wurde also gewissermaßen ins kalte Wasser geworfen, mit Dienstbeginn begann auch erst das eigentliche Lernen. Im polnischen Masuren aufgewachsen, lernte Piotr Tazbir zunächst Zahntechniker, bevor er Theologie studierte. Er spricht ein warmes, fehlerfreies Deutsch, hat sich jedoch diesen charmanten polnischen Akzent bewahrt. »Als ich mit meiner Frau als Spätaussiedler nach Gelsenkirchen kam, sprachen im Aussiedlerwohnheim alle Polnisch, und ich wollte doch Deutsch lernen!« Seine Hoffnung lag auf dem Briefträger, der aber ausgerechnet aus Schlesien kam und darum natürlich auch lieber Polnisch sprechen wollte.

Küsterwissen wird mündlich überliefert wie ein Familienrezept

Durch das Theologiestudium wusste Piotr Tazbir ungefähr, was ihn erwartete, aber Küster kann man nicht lernen. Es gibt zwar einen vierwöchigen Kurs, in dem man Grundlagen der Arbeit kennenlernt, doch es ist kein Ausbildungsberuf. Ein Küster lernt das Wichtigste von einem Vorgänger oder von Kollegen. Manches ist auch schriftlich fixiert. Und manches wird nur mündlich überliefert wie alte Familienrezepte. Dazu gehören auch Einschätzungen, wie man den einen oder anderen Zelebranten zu »behandeln« hat, wen man ansprechen kann und wer am liebsten seine Ruhe hat.

Was man vermutlich nicht wirklich lernen kann, ist der eigene Stil. Wie weist man den Zelebranten darauf hin, dass seine Schuhe nicht geputzt sind oder die Rasur am Morgen noch Spuren hinterlassen hat? »Immer nur unter vier Augen und mit großem Respekt«, es dürfe niemandem peinlich werden.

Ein großer Mann, der sich unsichtbar machen kann

Eine weitere Kunst, die Piotr Tazbir beherrscht: sich trotz seiner Größe unsichtbar zu machen und nicht im Weg zu stehen. Und dass man über vertrauliche Gespräche nichts weitererzählt, versteht sich von selbst: Verschwiegenheit gehört zum Anforderungsprofil.

»Eines habe ich vom HERRN erfragt, dieses erbitte ich: im Haus des HERRN zu wohnen alle Tage meines Lebens; die Freundlichkeit des HERRN zu schauen und nachzusinnen in seinem Tempel« (Ps 27,4). Vielleicht hatte Piotr Tazbir Psalm 27 im Ohr, als er sich als Küster der Berliner Sankt Hedwigs-Kathedrale bewarb. Der Wunsch des Psalmisten ging für ihn in Erfüllung: Immerhin 22 Jahre »wohnte« er in der Berliner Bischofskirche.

Auch wenn er dort kein Bett hatte, trifft »wohnen« es gar nicht so schlecht, denn vermutlich verbrachte er fast mehr Zeit in der Kirche als zuhause; jedenfalls an den Tagen, an denen er Dienst hatte. Ein solcher Tag beginnt um 7 Uhr morgens und endet erst nach der Abendmesse, selten vor 19 Uhr.

Die Kathedrale war tagsüber meist für Touristen geöffnet, aber auch für viele, die Stille, Ruhe und Gebet in der Kirche suchten. Frau Tazbir konnte viele Jahre an der Seite ihres Mannes als Kathedralführerin arbeiten, was ideal für sie war. Fünf Jahre lang war Piotr Tazbir mit der Arbeit allein, da gab es auch keine freien Tage. Seit es eine zweite Kraft, eine Küsterin gibt, kann man sich wieder abwechseln.

Mit sanfter Strenge für Ordnung sorgen

Dass jemand in der Kathedrale »wohnen« möchte, dafür hat er Verständnis und urteilt mild, wenn er sich an eine Frau erinnert, die sich mit einer Kette an einem Gitter in der Kathedrale anschloss und den Schlüssel in den Heizungsschacht warf. Sie wollte mit Nachdruck deutlich machen, dass auch sie ihre Wohnung in der Kathedrale sieht. Letztlich gab es aber keine Alternative zum Bolzenschneider. Nicht nur in solchen Situationen sollte es sich als vorteilhaft erweisen, dass Piotr Tazbir nicht der Kleinste und Schmächtigste ist. Mit Gewalt musste er sich aber nie durchsetzen; meist gelang es ihm, mit sanfter Strenge für Ordnung und Stille zu sorgen.

Er erinnert sich auch an manche unangenehme Situation, an Menschen, die sich und andere gefährdeten, und definitiv die Kathedrale verlassen mussten. Gleichzeitig erinnert er sich an einen besonders musikalischen Hund, für den er eine Ausnahme machte: »Ich habe der Frau erklärt, dass Hunde in der Kathedrale nicht erlaubt sind, aber sie hatte niemanden, der auf ihn aufpassen konnte.« Und weil der Hund immer brav in seiner Tasche blieb, niemals bellte und zum Einsatz der Orgel regelmäßig die Ohren spitzte, durfte er bleiben.

»Ich habe der Frau erklärt, dass Hunde in der Kathedrale nicht erlaubt sind, aber sie hatte niemanden, der auf ihn aufpassen konnte.«

Zum ersten Mal Weihnachten frei

Blickt man in die Geschichte der Kirche, wird man den Küster, Mesner, Sakristan oder Kirchwart kaum finden. Am ehesten kommt dem Berufsbild des Küsters der Ostiarier nahe, der in der frühen Kirche sogar ein niederer Kleriker war. Er hatte über die Kirche zu wachen und vor allem einen Blick auf die zu haben, die hineinwollten oder wieder aus der Kirche rausgehen sollten. Der Ostiarier war zuständig für das Ewige Licht sowie weitere Kerzen und – später dann – für die Glocken.

Würde der Gottesdienst ein Film sein, wäre der Platz des Küsters hinter der Kamera. Er bereitet die Kirche als »Drehort« vor, kümmert sich um »Kostüme und Ausstattung«, um die Pflege der Paramente und der Kirchenwäsche. Er ist der ausführende »Produzent« und auch ein wenig »Regie-Assistent«. Nur vor der Kamera sieht man ihn fast nie, es sei denn, es mangelt an Lektoren, Messdienern oder Gottesdienstbeauftragten.

Worüber Piotr Tazbir nicht so gern spricht, ist seine Perspektive als Theologe. Er bezeichnet es als Privileg, viele Predigten gehört zu haben, »aber nicht alle zu Ende«. Was er geschätzt hat, ist eine gute Exegese: »Auch wenn ich nicht einverstanden war,

haben mich solche Predigten zum Nachdenken gebracht.« Vieles, was er in den vergangenen Jahren erfahren und erlebt hat, hat ihn die Kirche durchaus kritischer sehen lassen, »aber mein Glaube, der ist gewachsen«.

An Weihnachten 2021 hatte Piotr Tazbir zum ersten Mal komplett dienstfrei und Zeit für die Enkel. Sehr froh sind alle, dass er nicht so ganz in den Ruhestand gegangen ist. Er ist weiterhin »geringfügig beschäftigt« in St. Joseph, wenn auch nicht mehr am Sonntag.

Beim Umzug nach Sankt Hedwig wird er bestimmt auch mithelfen. Bis dahin steht er für die Weitergabe der mündlich überlieferten Geheimnisse der Küsterei zur Verfügung.

Stefan Förner

Stefan Förner

Immer wenn er meint, nach bald 30 Jahren müsste er das Bistum doch gut kennen, entdeckt er neue Gesichter und Geschichten. Der Pressesprecher konnte sein Hobby zum Beruf machen, denn er redet gern. Dabei weiß er es eigentlich besser: interessant und spannend wird es nur, wenn man zuhört und genau hinsieht. Piotr Tazbir hat er zum ersten Mal in der Kathedrale gesehen – beim Einsingen mit dem Hedwigschor.

»Da war etwas Transzendentes«

Ihre Suche nach einem spirituellen Zuhause führt Dr. **Ingrid Uhlemann** *von bayerisch-katholisch über evangelisch-charismatisch in die katholische Gemeinde von Greifswald*

»Solln ma erst was essen oder erst amal ratschen?« Schon der erste Satz in der Begegnung mit Ingrid Uhlemann kennzeichnet sie treffend: tatkräftig, umsichtig, die Lage klärend und dann handelnd. Wir entscheiden uns für das Reden.

Derzeit ist sie in der Ausbildung zur Gemeindereferentin. Ihre längste Arbeitserfahrung hat die promovierte Universitätsdozentin auf dem Gebiet der Kommunikationswissenschaft. Klingt erstmal nach »Karriere nach unten«. Sieht sie aber anders: Für sie ist der jahrelange Prozess, das lange Suchen nach einem Platz in Gottes Nähe der richtige Weg.

In Bayern geboren, wächst sie katholisch auf, ist Ministrantin, in der katholischen Landjugendbewegung, im Schützenverein. Als Studentin verteidigt sie ihren Glauben gegenüber kritisch zu Gott Stehenden, Kirche ist ihr dabei nicht so wichtig. Sie wird eine Suchende nach Orientierung, konsu-

miert querbeet alles, was sich bietet. Nach dem Studium in München traut sie sich in Richtung Thüringer Wald und tritt an der Ilmenauer Technischen Universität ihre erste Stelle an. Dort erfährt sie Diaspora: »Die Leute gehen in die Kirche, weil sie wollen und nicht, weil sie sonst ins Gerede kommen. Aus Bayern war ich gewohnt, dass man sich in der Kirche sehen lassen musste.«

Einer ihrer Studenten, ein Mitglied in einer charismatischen evangelischen Bewegung, habe ihr in einem Gespräch »das Evangelium verkündet«, wie sie sagt. Vieles wird für sie im Austausch mit dem jungen Mann verständlich und wichtig, was zuvor wenig Bedeutung für sie hatte. Sie erkennt beispielsweise: »Jesus ist für meine Sünden gestorben!« Bisher hatte sie seinen Kreuzestod nie mit ihrem Leben in Zusammenhang gebracht. Dieser Gedanke habe sie sehr verändert. »Bis dahin habe ich die Bibel sehr selektiv gelesen. Das, was mir gefallen hat, war gut, und das andere war nicht richtig überliefert. Habe ich mir so zurechtgelegt«, sagt sie. Plötzlich kommt die Erkenntnis, dass die Bibel vom Heiligen Geist inspiriert ist und lässt sie aufmerken. »Denn wenn Gott Gott ist, dann wird er ja dafür sorgen, dass da nichts Falsches drinsteht«, denkt sie sich.

Nach dem Gespräch mit dem jungen Mann geht ihr eine Textstelle nicht aus dem Kopf: Denn wo zwei oder drei in meinem Namen versammelt sind, da bin ich mitten unter ihnen (Mt 18,20). »Das habe ich da gespürt. Ich habe eine Präsenz gespürt, ob Heiliger Geist oder Gott oder Engel, da war etwas Transzendentes.« Sie vergleicht es mit dem Schießen im Schützenverein: »Wenn du das erste Mal getroffen hast, dann weißt du, wie du das Gewehr halten musst. So war das auch bei diesem Gespräch: Zum ersten Mal Geschmack, Geruch oder den Hauch des Himmels wahrgenommen macht offen für das nächste Mal.« Das muss sie erst einmal verdauen. »Es gibt im Reich Gottes keine Methoden, es gibt den Kairos, den richtigen Zeitpunkt, da hat Gott gewirkt. Denn im nächsten Gottesdienst spürte ich schon eine Veränderung, und beim Evangelium, es war das von der Brotvermehrung, hatte ich eine andere Haltung zum Text. Dieser Text wird ja oft abstrakt sozial interpretiert: Wenn wir alle teilen, dann reicht's für alle. Aber ich habe es wörtlich genommen. Und als ich das kapiert hatte, war mir klar: Egal, ob es 5 000 oder fünf Millionen Leute waren. Wenn er das Ding erst mal drauf hat, dann klappt das auch mit mehr Leuten.«

Nun kann sie eine Beziehung mit Gott eingehen. Allein der Glaube an die Erlösung sei nicht immer gleich Erlösung, bereite die Erlösung aber vor. Doch manchmal müsse man sich klarmachen, wovon man erlöst werden muss. Oder geheilt. Für sie ist das ein Prozess, in dem immer wieder »Teile des Herzens zu Jesus kommen«. Teile, die noch nicht bei ihm sind: zum Beispiel Gedanken, das innere Kind, das Lebensalter, Verletzungen. Es gehe ihr um ein schichtweise tieferes Eindringen in die Wahrheit.

Kümmert euch zuerst um sein Reich …

Ingrid Uhlemanns nächste Lebensstation ist eine Promotionsstelle an der Universität Leipzig. Doch die Promotion verläuft langsamer, als sie es will. Manchmal fragt sie: »Gott, hast Du andere Pläne mit mir?« Sie fühlt sich in einer evangelischen Gemeinde der geistigen Erneuerung zu Hause, auch, weil sie dort vom Pfarrer »gesehen« wird. Es sei ja nicht selbstverständlich, dass ein neuer Gemeindebesucher wahrgenommen wird. Der Pfarrer fragt sie, ob sie nicht mitmachen wolle. »Der hatte eine gute Sicht für Leute«, erzählt sie. Sie bekommt einen Mentor und viel »geistliches Futter« für das Aufgebrochene in ihr. So wird sie sicherer in ihrem geistlichen Reifeprozess.

Und sie entdeckt einen ihrer Herzensorte, die »Zeltstadt Siloah«, ein einwöchiges Familiencamp nahe Gotha, das intensive Bibelarbeiten, herausfordernde Predigten, interessante Seminare und Workshops, kurzum wertvolle Akzente für das Leben als Christ anbietet. Dort lernt sie auch ihren späteren Ehemann kennen.

Gut ein Jahr später erfährt sie von einer Ausschreibung an der Universität Greifswald. Mit dem Hintergrundwissen »Kümmere dich um das Reich Gottes, dann kümmert Gott sich um dich« bewirbt sie sich. Und bekommt ein »Geschenk des Himmels«: die Stelle als wissenschaftliche Mitarbeiterin mit Lehrauftrag. Alles passt, die Stelle ist unbefristet, ein »Sechser im Lotto«.

2004 zieht sie mit ihrem Mann um. In Greifswald sind sie gemeinsam auf der Suche nach der passenden Kirchengemeinde. Nach Besuchen in verschiedenen Gemeinden kommen sie schließlich in der katholischen Gemeinde in Greifswald an. Dort war

»die meiste Aktion«, erinnert sich die quirlige Anfangfünfzigerin. Dort fühlt sie sich gut aufgehoben, denn nach ihrem spirituellen Weg von bayerisch-katholisch über evangelisch-charismatisch war sie sich nicht mehr sicher, wo ihr religiöses Zuhause sein könnte. Und ihr fällt ein, was der junge Mann aus Ilmenau ihr damals sagte: »Konfession ist auch ein Stück Berufung.«

»Mach mal Pause«

Zwei Kinder kommen, Babypause. Sie hat das Gefühl »Gott schickt mich in Urlaub«. Und hört in ihrem Inneren seine Stimme: »Mach mal Pause, ich möchte, dass du nur mein Kind bist, das reicht.« Sie lernt, nicht für alles verantwortlich zu sein. Mit dem Familienleben verändert sich auch ihr geistliches Leben im Alltag. Allein hat sie morgens oft anderthalb Stunden gebetet. Das geht nicht mehr, sie merkt: Familie braucht viel Raum. Nebenbei beendet sie ihre Dissertation. Und wieder spürt sie das Bedürfnis, mehr für die Gemeinde zu tun. Als ihr klar wird, dass im Katholischen Wert auf ein theologisches Grundwissen gelegt wird, absolviert sie in Wien den Grundkurs Theologie.

Mit einer Gruppe probiert sie die Methode des »geistlichen Hörens«, des Hinhörens auf Gottes Stimme im Inneren aus. »Jeder kann das, also traut's euch amal, schlimmstenfalls passiert nichts. Dann sind wir genauso schlau wie vorher.« Beim Hören auf Gott würden Ideen kommen, sei ihre Erfahrung. »Denn Gott schweigt nur, wenn er meint, dass es besser ist, wenn er nichts sagt. Es liegt dann daran, dass wir gar nicht hören oder tun können, was er sagt. Dann ist es auch eine Gnade, wenn er uns das nicht sagt.«

Bei einem der jährlichen Aufenthalte im Camp der Zeltstadt Siloah hat sie eine Eingebung und schreibt den Satz auf. Zunächst passiert nichts, der Satz landet im Nachttisch, zum Wegschmeißen zu schade. Irgendwann dämmert es ihr: Dieser Satz »Ich will dich ganz für mein Reich, mach keine halben Sachen, ich werde dich versorgen« gelte ihr. Sie fragt sich, wie sie das umsetzen könne: »Ich bin nicht der Typ, der alles hinschmeißt und nur aus dem Glauben lebt. Ich weiß noch, als ich im Zug zum Bewerbertreffen für die Ausbildung zur Gemeindereferentin saß und mir ausmalte, wie viel Geld ich bis zur Rente verliere mit dem Ausstieg aus der Uni-Laufbahn. Doch dann kam mir in den Sinn: Du Narr, noch heute Nacht wird man dein Leben von dir zurückfordern, wem wird dann all das gehören, was du angehäuft hast?« (Lk 12,20)

»Ich finde, Gott ist super, und warum sollte man ihn anderen vorenthalten? Klar, wenn einer nicht mag, ist's auch gut, aber wenigstens anbieten!«

Kritisch sei sie, wenn in der Lehre nur eine Theorie als die allein gültige existiert. Ihr gehe es um Erkenntnis: »Entweder glaube ich an das Wort Gottes als Wahres, oder ich revidiere es ständig, dann bin ich wieder da, wo ich vor 40 Jahren war. Und ich will da nicht wieder hin.« Ihre persönliche Erfahrung: Je mehr sie Gott beim Wort nimmt, umso wahrer wird sein Wort für sie.

2012 beginnt im Erzbistum Berlin der Prozess »Wo Glauben Raum gewinnt«. Ingrid Uhlemann arbeitet in der Steuerungsgruppe im Pastoralen Raum Usedom-Wolgast-Greifswald-Anklam mit. Sie sieht es als Chance, Veränderungen anzustoßen, sich auf neue Pfade zu wagen und ist voller Tatendrang. Eine Eigenschaft, die andere mitreißen müsste. Ihre Wirkung in den Gremien vergleicht sie jedoch nicht mit der einer »Zündkerze«, eher mit der einer »Wärmflasche«.

»Gott ist super«

Ingrid Uhlemann bekam einen Ausbildungsplatz zur Gemeindereferentin und nennt sich selbst jetzt »Berufs-Christin«. Sie merkt, dass sie weniger persönliche Zeit mit Gott hat. »Früher habe ich einen Unterschied gespürt zwischen Welt und Reich Gottes, so aus der Welt raus und ins Reich Gottes rein, dort habe ich gespürt: Der Herr ist da. Und jetzt bewegt man sich dort immer. Deshalb ist es gut, mit Leuten zu reden, für die Gott nicht selbstverständlich ist.« Da spüre sie den Missionsauftrag: »Ich finde, Gott ist super, und warum sollte man ihn anderen vorenthalten? Klar, wenn einer nicht mag, ist's auch gut, aber wenigstens anbieten! Und wenn er Interesse hat: Lass uns gucken, was für dich passt, reden, beten oder Bibel teilen?«

Als Gemeindeassistentin in der Pfarrei St. Bernhard Stralsund-Rügen-Demmin mit Dienstsitz im Stralsunder Pfarrhaus arbeitet sie im Pastoralteam mit, was ihr erlaubt, Pastoralprojekte zu entwickeln. Dabei hat sie besonders Rügen im Blick. Die Katholiken im Norden der Insel versucht sie zusammenzubringen: Andacht mit anschließendem Austausch, Stundengebet, einfache Gebete, damit die Gläubigen auch ohne pastorale Anleitung zu Gebet und Gottesdienst zusammenkommen können.

Ingrid Uhlemann hat viele Ideen, Taizé, Bibel teilen, Willkommensmanagement, Ehrenamtskoordination. »So zu sein wie der Pastor damals in Leipzig, der mich gesehen hat. So möchte ich die Leute und ihre Fähigkeiten sehen.« Sie fühlt sich richtig und nun auch da, wo Gott sie jetzt haben will. Ihr Credo: täglich frisches Manna, sich danach ausstrecken, jeden Tag frisch von Gott hören und ihn immer wieder neu bei sich aufnehmen.

Hildegard Stumm

Hildegard Stumm

Jahrgang 1958, verheiratet, drei Söhne.
Ausbildungen als Elektro- und Informationsingenieurin, Dozentin für Kommunikationstechnik, nach dem Mauerfall als katholische Religionslehrerin und Klinikseelsorgerin, Autorin für die Rundfunkarbeit im Erzbistum Berlin.

»Gott liebt mich, auch wenn ich Mist baue«

Fast wäre **Marc-Anton Hell** *von der Neuköllner Marienschule geflogen. Heute leitet er das Priesterseminar Redemptoris Mater in Berlin-Biesdorf*

Marc-Anton Hell hat bayerische Wurzeln, was man aber nicht hört. »Als ich neun war, zogen meine Eltern von München nach Berlin. Das erste, was ich mir abgewöhnt hatte, war der bayerische Dialekt, der kam bei meinen Mitschülern gar nicht gut an«, erzählt er und lacht. Seine Eltern waren beide in bayerischen Dörfern groß geworden und »gut katholisch« erzogen. Als Teenager beschlossen sie unabhängig voneinander, nicht mehr in die Kirche zu gehen: »Sehr zum Leidwesen meiner Großeltern, denn ›was sollen denn die Nachbarn von uns denken‹?«

Mit 16 gingen beide nach München, lernten sich dort als Auszubildende in einer Krankenpflegeschule kennen und verliebten sich. »Natürlich wollten sie auf gar keinen Fall das klassische Nachkriegsfamilienmodell leben, also Arbeiten bis zum Umfallen, um sich das Häuschen mit Garten und ein Auto leisten zu können. Sie waren typische ›68er‹ Hippies, lebten in offener Beziehung und wollten auch keine Kinder.« Anfang der 1970er Jahre verkauften sie ihr Hab und Gut, um mit dem Geld auf Weltreise zu gehen. »Die hab ich ihnen gründlich versaut, meine Mutter wurde nämlich schwanger.« Und da Abtreibung nie zur Debatte gestanden hatte, konnte Marc-Anton als erstes Kind der Familie Hell zur Welt kommen. Heute hat er 13 Geschwister: Er ist 46, seine jüngste Schwester 24.

Wie es sich für ›68er‹ gehörte, wurden klein Marc-Anton alle Freiheiten gelassen und keine Grenzen gesetzt, was gehörig schief ging: »Meine Eltern waren verzweifelt, weil sie nicht wussten, wie sie mich wieder ›einfangen‹ könnten.«

Weder Bürgerlichkeit noch klassische Kirchlichkeit

In München lernten die Eltern die Gemeinschaften des Neokatechumenalen Wegs kennen. Trotz ihrer Ablehnung sowohl der westdeutschen Bürgerlichkeit als auch der klassischen Kirchlichkeit waren sie »extrem Sinnsuchende«, die in einer heftigen Lebenskrise überzeugende Antworten auf ihre Fragen nach dem Warum und Wozu des Lebens suchten. »Von den Familien der Gemeinschaft fühlten sie sich verstanden und angenommen in ihrer Zerrissenheit und mit ihren existentiellen Fragen.« Nach und nach wurde ihnen das Neokatechumenat zur geistlichen Heimat. Ihre Kinder nahmen sie mit in die neue Heimat.

Auch in Berlin, wo Familie Hell als »Familie in Mission« noch vor 1991 hingezogen war, fand Marc-Anton Hell Freunde unter den Kindern der Familien des Neokatechumenalen Wegs. »Als ich 13 oder 14 war, wurde ich gefragt, ob ich eine Grundkatechese zur Tauferneuerung machen wolle, und ich sagte Ja. Auch weil meine Freunde die machen wollten, klar. Aber nicht nur: weil mich religiöse Fragen schon als Jugendlicher interessiert hatten. Zum Beispiel, die Frage, worauf man sein Leben wirklich bauen kann.«

Bei den Treffen der Gemeinschaft lernt er Jugendliche und Erwachsene kennen, die durch den Glauben zurückgefunden hatten ins Leben: »In der Gemeinschaft waren Ordensfrauen, aber auch Drogensüchtige, Sexsüchtige und Spielsüchtige aus allen Gesellschaftsschichten, Leute, die Hunger hatten nach Leben und Liebe. Ihnen nahm ich es ab, wenn sie erzählten, wie sie durch das Vertrauen, von Gott geliebt zu sein, wieder Lebensmut fassen konnten. Ich sah, wie ihr Leben sich änderte und der Glaube alles neu macht.«

Von den Glaubenserfahrungen anderer zu hören bis zur eigenen Begegnung mit dem lebendigen Gott verging noch einige Zeit. »Ich lote gern Grenzen aus«, gibt Marc-Anton Hell zu und schmunzelt, »das gehört zu meiner Persönlichkeit.« In Berlin-Neukölln, wo er auf die katholische Marienschule geht, zieht er mit seinen arabischen Freunden um die Häuser, kommt mit dem Gesetz in Konflikt, macht lieber Party als Hausaufgaben, leistet sich fünf Fünfen im Halbjahreszeugnis der 10. Klasse. »Da hatte ich dann meine erste Krise. Meine Freundin hatte mit mir Schluss gemacht, ich stand kurz vor dem Rausschmiss von der Marienschule und merkte: Jetzt wird's ernst.«

Hunger nach Leben

Die Eltern helfen ihm, sie hören ihm zu, halten ihn. »Mein Vater erzählte mir zum Beispiel von seinen Abstürzen, von der Hippiezeit und von seinem Gottesbild. Er konnte mir glaubhaft versichern, dass Gott mich liebt, auch wenn ich Mist baue, und Gott meinen Hunger nach Leben stillen kann, wenn ich ihn lasse.«

In der »Hungersnot« klammert er sich an Gott. Er betet um einen Ausweg aus der Krise, oft auch nachts, wenn es still ist im Haus der Familie in Lichtenrade. »Dabei habe ich sehr intensiv gespürt, dass Christus wirklich da ist, mich wirklich liebt und alles zum Guten führen kann. Denn plötzlich hatte ich die Energie, mich hinzusetzen und zu lernen.«

Marc-Anton Hell schließt die 10. Klasse als Klassenbester ab, das Abitur ist nicht mehr gefährdet. Er überlegt, wieder mit seiner Freundin zusammenzukommen, später eine Familie zu gründen. Seine Rolle als großer Bruder einer wachsenden Geschwisterzahl hat er in guter Erinnerung: »Ich teilte mir mit einem Bruder das Zimmer, das war okay. Und fand es auch voll schön, wenn wieder ein Baby im Haus war. Dadurch habe ich relativ früh gelernt, Verantwortung zu übernehmen, Babysitten, auf die Jüngeren aufpassen, mit ihnen spielen. Oder auch kochen, im Haushalt helfen, putzen. Viel Zeit habe ich später dann auf dem Basketballplatz verbracht, kam manchmal nur zum Schlafen nach Hause.«

Zeit verbrachte Marc-Anton Hell auch in der Pfarrgemeinde Bruder Klaus im Neuköllner Süden. Er war Ministrant, »aber ich hab's nicht übertrieben, ich war jetzt nicht der Jugendvertreter im Pfarrgemeinderat«. Dafür geht er öfters in die Werktagsmesse. Die Erfahrung, dass Gott ihn begleitet und auch aus Krisen führt, sitzt tief. Und dass Gott etwas mit ihm vorhat. »Ich konnte mir zum Beispiel vorstellen, Journalist oder Schriftsteller zu werden, was Kreatives.«

Es kam anders kreativ: Bei einem Treffen der Neokatechumenalen Gemeinschaft zum Thema Berufung spürt er, zum Priester berufen zu sein. »Als gefragt wurde, wer eine Berufung spürt und dann die Einladung folgte, nach vorne zu kommen, um einen Segen zu empfangen, da bin ich aufgestanden und hab mir den Segen abgeholt – vor allen anderen. Die waren erstmal entsetzt, die kannten mich ja als verrückten Kerl«, erinnert er sich. »Doch ich hatte die innere Gewissheit: Gott wünscht sich das von mir, es ist richtig.«

Nach dem Abitur tritt er in das Priesterseminar Redemptoris Mater in Berlin-Biesdorf ein und wird 2008 zum Priester geweiht. Danach wirkt er als Kaplan in Brandenburg an der Havel, in St. Matthias in Berlin-Schöneberg, zuletzt als Pfarradministrator in Petershagen und Hoppegarten. Seine Erfahrungen als Kaplan nennt er »genial«. In St. Matthias lernt er eine große, aktive Stadtgemeinde, in Petershagen und Hoppegarten eine lebendige Landgemeinde kennen. Dort wie auch in der Stadt Brandenburg erlebt er Christen, die den Glauben in 40 Jahren DDR gelebt und bewahrt hatten, sogar Nachteile in Kauf nahmen. »Für sie war die Gemeinde, die Kirche eine persönliche Sache, das hat mich beeindruckt.«

»Andock-Ort« katholische Schule

Er erzählt von der katholischen Schule in Petershagen, die auch viele Eltern, die nicht kirchlich sind, für ihre Kinder wählen. Über die Kinder, die in der Schule von Gott hören, würden oftmals die Eltern neugierig: »Wenn ein Kind im Religionsunterricht gelernt hat, was Taufe bedeutet, nach Hause kommt und sagt, es will sich taufen lassen, dann entwickelt das eine ganz eigene geistliche Dynamik«, erklärt er und fügt hinzu: »Nicht nur, dass für die Erwachsenen die Hemmschwelle, eine Kirche zu betreten, schwindet, das hat auch eine geistliche Wucht für die Pfarrgemeinde.«

Wie die katholische Schule von Petershagen sollten Gemeinden und Pfarreien »Andockorte« sein, wünscht sich Marc-Anton Hell. »Ein Flughafen hat verschiedene Gates, damit unterschiedliche Flugzeugtypen andocken können, die zweimotorige Propellermaschine, wie auch eine Boeing 747-8.« Das heißt für ihn: jeden Menschen mit seiner Geschichte und seinen Bedürfnissen ernst nehmen, ihn weder abstempeln noch in eine Schublade stecken. »Der Weg zu Gott verläuft von Mensch zu Mensch, über persönliche Begegnungen. Ich muss authentisch sein, ehrlich von mir, meinem Glauben und meinen Zweifeln, vom Abstürzen wie vom Aufstehen reden.«

Als Mitglied im Pfarreirat der Pfarrei »Hl. Hildegard von Bingen Marzahn-Hellersdorf« mit dem Prozess der Pfarreientwicklung befasst, spricht er von einer »Kulturrevolution« oder, etwas milder, vom notwendigen »Mentalitätswandel«: »Eine Pfarrei muss von einer geistlichen Nahrung leben, die es dem Einzelnen ermöglicht und erlaubt, eigene Erfahrungen mit dem Wirken Gottes zu machen. Muss Räume schaffen, in denen geistliches Leben gelehrt und gepflegt wird. Alles andere ist sekundär. Wenn der Inhalt nicht mehr das Primat vor der Struktur hat, werden wir zu einem Traditionsverein, dem man die großartige Botschaft von der Liebe Gottes nicht abnimmt.« Dann macht der Letzte das Licht aus und nimmt die Kasse mit, »falls da noch was drin ist«.

»Der Weg zu Gott verläuft von Mensch zu Mensch, über persönliche Begegnungen. Ich muss authentisch sein, ehrlich von mir, meinem Glauben und meinen Zweifeln reden.«

Er ist überzeugt: Wer persönlich berührt ist von Jesus Christus und den Glauben reflektiert, ist auch bereit, sich einzubringen in den Gemeinden und Gemeinschaften, in der Kommune und der Öffentlichkeit. »Das sage ich auch den Seminaristen des Priesterseminars: Wer heute Menschen für Jesus Christus und den christlichen Glauben begeistern will, muss wie ein ›fünftes Evangelium‹ sein, ein lebendiges Zeugnis aus Fleisch und Blut. Weil Kirche Zeugenschaft ist und kein Lehrgebäude.«

»Schaut euch den Laden an«

Seit 2018 ist Marc-Anton Hell Regens des Priesterseminars Redemptoris Mater in Berlin-Biesdorf. Wie alle Seminare des Neokatechumenalen Wegs ist es international, missionarisch und diözesan aufgestellt. Durchschnittlich studieren insgesamt um die 14 Männer aus mindestens sechs Nationen im

Haus an der Fortunaallee. Bei seiner Ernennung zum Regens betonte Erzbischof Dr. Heiner Koch: »Sie übernehmen dieses Amt in schwierigen Zeiten hier im Missionsland Berlin. (…) Keiner weiß, was es in den nächsten Jahrzehnten heißt, Priester zu sein, den Glauben zu verkünden. Bleiben Sie wach um der Menschen willen, die Ihnen anvertraut sind, und somit auch um der Kirche willen.«

Marc-Anton Hell hat sich das zu Herzen genommen. Oft fragt er sich, woran es liegt, dass Seminaristen wie Absolventen von Redemptoris Mater in die Schublade »konservativ« gesteckt werden. Ursachen sieht er in dem starken Eigenleben der Neokatechumenalen Gemeinschaften, das es besonders früher, in der Findungsphase gab und das so Misstrauen schürte. Auch sei der »Eifer von frisch Bekehrten mitunter schwer zu ertragen«, da brauche es Geduld. Auf beiden Seiten. Hinzu käme, dass Anderssein naturgemäß vieles infrage stelle, was als »normal« gilt.

In Bezug auf das Biesdorfer Seminar wirbt der Regens für gegenseitiges Kennenlernen: »Kommt vorbei, schaut euch den Laden an. Lasst uns miteinander reden.« Er hält es mit dem Schriftsteller und Diplomaten Paul Claudel (1868–1955): »Rede nur, wenn du gefragt wirst. Aber lebe so, dass man dich fragt.« Das möchte er gern: so leben, dass er gefragt wird, woher er die Hoffnung nimmt, dass am Ende alles gut wird.

Juliane Bittner

Juliane Bittner

Drei Städte sind mir wichtig: Leipzig, da bin ich 1951 geboren. Dresden, dort kam mein erstes Kind zur Welt. Berlin, wo ich Wirtschaftswissenschaften studierte, die zweite Tochter bekam und die erste fernbeheizte Wohnung in Karlshorst. 1979 begann ich für den St. Benno-Verlag Leipzig zu schreiben; die Manuskripte meiner ersten Bücher sogar noch mit der Hand. Spaß am Texten habe ich immer noch. Und am Katholischsein.

»Vater Staat«, »Mutter Kirche« und die Geheimnisse des Glaubens

Juliane Bittner – *Mein Leben in zwei Systemen und einer Kirche*

Als die DDR zwei Jahre alt war, bin ich geboren. In Leipzig. Vater war katholisch, Mutter evangelisch. Sie konvertierte und so wuchs ich katholisch auf. Und wohlbehütet. Tagsüber kümmerte sich meine Oma um mich, meine Eltern waren berufstätig. Oma war fast immer fröhlich und konnte mit Engelsgeduld zuhören. Wenn ich aus der Schule kam, setzte ich mich zu ihr in die Küche und erzählte, was ich auf dem Herzen hatte.

Dann kam der Sommer 1961. Ich war zehn, hatte Ferien. Mein soziales Netzwerk hieß »draußen«: mit Nachbarskindern an der Teppichklopfstange turnen, Rollschuhfahren, mit Schulfreunden baden gehen. Doch plötzlich herrschte in unserer friedlichen Kleinfamilie helle Aufregung: Meine Oma war ausgerechnet am 12. August nach Westberlin zu ihrer Schwester gefahren. Die Sorge meiner Eltern, ihr könnte die Rückkehr nach Leipzig verwehrt werden, übertrug sich auf mich. Ich bekam Angst. Fühlte mich zum ersten Mal verunsichert. Oma kam aber wieder heim, Gott sei Dank.

In die Schule ging ich gern. Lernen machte mir Spaß. Das »Drumherum« manchmal nicht, denn ich war kein Pionier, durfte zum Beispiel bei Auftritten des Schulchors nicht mitsingen, weil ich keine Pionieruniform hatte. Um mich im Weltanschauungsstaat zu schützen, hatten meine Eltern mir beigebracht, mit »gespaltener Zunge« zu reden: Zuhause und im Pfarrhaus wurde so – in der Schule anders geredet. Kinder lernen beängstigend schnell, in den jeweils gebotenen Zungenschlag umzuschalten.

Ein Beispiel: Wir saßen beim Abendbrot, meine Mutter erzählte von ihrer Arbeit und schimpfte fürchterlich auf die »unqualifizierte Einmischung« der SED-Parteileitung in den Produktionsprozess. Ich hörte zu und fragte nach einer Weile ängstlich: »Stimmt's, Mama, wenn ich das in der Schule erzähle, musst du ins Gefängnis?«

Im Widerstreit der »Deutungshoheiten« hatte der Pfarrer allerdings einen Vertrauensvorsprung: Was der Lehrer sagte, lernte ich. Was der Pfarrer sagte, glaubte ich. Und das Pfarrhaus in Leipzig-Conne-

witz wurde mein zweites Zuhause: Mädchengruppe, Religionsunterricht beim Pfarrer, Kindertage mit Geländespiel und Gottesdienst, Gemeindewallfahrten, die wöchentliche Schülermesse ... Später, als Jugendliche, war die Pfarrgemeinde gefühlt sogar mein erstes Zuhause.

Kulturkampf der Menschenbilder

Trotz Verweigerung der Jugendweihe erhielt ich die Zulassung zur Erweiterten Oberschule – für mich ein Wunder – und büffelte bis zum Abi, um studieren zu können. Weil ich später »bei Kirchens« arbeiten wollte, fragte ich den Caritasdirektor des Bistums Dresden-Meißen, welche Fachrichtungen gebraucht würden für kirchliche Einrichtungen. Er nannte unter anderem die Psychologie, was auch mein heimlicher Favorit war, und so bewarb ich mich an der Karl-Marx-Universität Leipzig für Psychologie. Hatte nur leider das falsche Menschenbild, wie der Prorektor befand: »Unsere Psychologie geht vom marxistisch-leninistischen Menschenbild aus. Da Sie als Christ dieses nicht teilen, ist es in Ihrem Interesse, etwas anderes zu studieren.« Was ich auch tat, und zwar Wirtschaftswissenschaften an der Hochschule für Ökonomie in Berlin-Karlshorst. Das konnte der Caritasdirektor auch brauchen. Das Erzbistum Berlin später auch, da war ich im St. Antonius-Krankenhaus in Friedrichshagen in der Verwaltungsleitung.

Über die Ablehnung des Prorektors war ich natürlich sauer, fühlte mich aber weder als Opfer staatlicher Willkür noch als zu kurz gekommen. Ich hatte mich ja bewusst und aus freiem Willen für ein Leben als Christin entschieden. Also kamen Jugendweihe oder SED für mich nicht infrage. Eine »Heldenbiografie« habe ich aber nicht. Heute schäme ich mich wegen mancher »entschiedenen Halbherzigkeit«. Es durfte einfach nicht wahr sein, was die Westsender berichteten über den Mann mit dem Kunstlederhut und die kriminellen Machenschaften seines Ministeriums für Staatssicherheit.

»Rübermachen« oder dableiben

Während des Studiums heiratete ich, zwei Töchter wurden geboren. Als Eltern war es uns wichtig, unsere Kinder in der Pfarrei zu beheimaten – so wie wir es erlebt hatten. Und auch als Gegengewicht zur staatlichen Erziehung zu »allseits entwickelten sozialistischen Persönlichkeiten«.

Mit den DDR-Jahren wurde ich politik- und freiheitsbewusster. »Ihr seid zur Freiheit berufen«, heißt es im Neuen Testament. Der Appell des Paulus ermutigte zum »Aufstehen gegen die Angst«. Im Familienkreis unserer Pfarrei St. Marien in Berlin-Karlshorst diskutierten wir, was die richtige Entscheidung wäre: »rübermachen«, um unseren Kindern eine Zukunft in Freiheit zu ermöglichen? Oder bleiben und für Veränderungen kämpfen? Und was wünscht sich eigentlich Gott von uns? Von mir? Auch die Bitte unserer Bischöfe, im Land zu bleiben, um Sauerteig zu sein, bezogen wir in unsere Überlegungen ein.

Wenn wir das Wort Gottes aussäen und es aufgeht, versetzt es Berge – und die Welt in Erstaunen. »Selig, die keine Gewalt anwenden, denn sie werden das Land erben.« Was lediglich Verheißung schien, wurde Wirklichkeit. Der Ruf »keine Gewalt« einte die Demonstranten. Kirchen verwandelten sich in »Wallfahrtsorte« Kerzen tragender DDR-Bürger. Heute weiß man, dass kein einziger Schuss fiel. Damals war das keineswegs sicher. Als die Situation rund um den 40. Jahrestag der DDR zu eskalieren drohte, hatten Priester das für die Sterbesakramente Nötige beim Demonstrieren dabei ...

Ich erinnere mich an den 1. September 1989. In der Pfarrei hatten wir den Weltfriedenstag mit einem Gottesdienst begangen. Nach der Abendmesse gingen wir mit brennenden Kerzen in den Händen auf den Kirchplatz – und wurden von Volkspolizisten empfangen. »Machen Sie die Kerzen aus«, herrschten sie uns an. Die Jugendlichen begannen zu diskutieren. Wo denn geschrieben stünde, dass man nicht mit einer Kerze in der Hand rumstehen dürfe, fragten sie die Polizisten. Deren stereotype Reaktion: »Machen Sie die Kerzen aus.« Junge Menschen sind nicht so leicht zu disziplinieren wie eine Mutter, die an ihre Kinder denkt und die Kerze auspustet, wie ich es tat. Irgendwann stimmte der Chorleiter »Dona nobis pacem« und noch paar Kirchenlieder an, die Atmosphäre entspannte sich. Unser Pfarrer regelte die erhöhte Betriebstemperatur der Jugendlichen runter, indem er sie zu sich einlud. Weil sie wussten, im Pfarrhaus konnten sie ohne ideologischen Maulkorb über alles reden, nahmen sie sein Angebot an.

Ob Gemeindemitglied oder Pfarrer – wir haben einander und der Kraft des Gebetes vertraut. In den

Tagen um den 7. Oktober 1989 rief mich eines Nachts eine Freundin aus dem Bibelkreis an. Ihr Sohn, 16, war nach dem Montagsgebet in der Gethsemanekirche noch nicht wieder zu Hause. Es war fast Mitternacht, so lange dauerten weder Fürbittandacht noch Demonstration; die Demonstranten gingen ja am nächsten Morgen wieder zur Arbeit. Wo blieb Thomas? War er festgenommen worden? Ich versprach zu beten und Freunde anzurufen, damit sie mitbeten. Alle, die ich aus dem Bett klingeln konnte, versprachen es. Eine halbe Stunde später war Thomas zuhause. Um nicht »aufgegriffen« zu werden, war er auf Schleichwegen zu Fuß nach Karlshorst gelaufen.

Gebrochene Biografien

Mehr als dreißig Jahre danach: Es war einmal eine DDR. Sie ist erledigt, nicht aber die Biografien ihrer Bürger. Viele sind gebrochen. Wie steigt man aus solch gebrochener Biografie um in die andere, die neue Lebenswelt? Mein Diplom wurde nicht anerkannt, weil die sozialistischen Wirtschaftswissenschaften unter ideologischem Generalverdacht standen. Es kränkt, wenn die Bildungsbiografie durchgestrichen wird, als tauge sie nicht – taugte ich nicht? – für die neue Zeit. Mit den gesellschaftlichen Verhältnissen ändert sich auch das moralische Urteil über die zurückgelegte Lebenszeit. Das kann bitter sein.

Der Leipziger St. Benno-Verlag, für den ich als Autorin und Lektorin tätig war, konnte zwar – mit einigen Schrammen – fortgeführt werden, allerdings ohne mich. Dank eines Volontariats am Münchner Institut zur Förderung publizistischen Nachwuchses sowie einer Beschäftigungszusage des Erzbistums Berlin konnte ich als Redakteurin in der Hörfunk- und Fernseharbeit des Erzbistums arbeiten. Mein Traum von einer Verkündigung in den Medien, von Medienseelsorge, wurde wahr: Der liebe Gott tut nichts als fügen.

Mit der Wiedervereinigung veränderte sich auch die kirchliche Wirklichkeit. Vertraute Inhalte und Traditionen des Gemeindelebens bröckelten. Meine Glaubensheimat drohte wegzubrechen. Die Pfarreien, zu denen ich in der DDR-Zeit gehörte, hatte ich als Gemeinschaften erfahren, die sich um den Altar scharten und in denen Glaubensgeschwister einander halfen, aus der Kraft des Evangeliums, der Sakramente und der kirchlichen Tradition zu leben. Natürlich haben wir auch gestritten. Zwölf Jahre war ich im Pfarrgemeinderat, da krachte es auch mal ordentlich. Eine »Lagerbildung« mit reflexartigen Zuschreibungen wie konservativ gleich rückschrittlich versus progressiv gleich fortschrittlich habe ich nicht erlebt.

»Vater Staat« und »Mutter Kirche« …

… haben wir zu DDR-Zeiten meist spöttisch gesagt. »Vater Staat«, weil der immer zu wissen vorgab, was gut wäre für seine »Kinder« und sie auf den ideologisch korrekten Weg bringen wollte. Und »Mutter Kirche«? Ich denke an meine Mutter. Sie hat mich ins Leben geleitet, mich beschützt, mirerte ans Herz gelegt, mich auch nicht fallengelassen, als ich mich von meinem Mann trennte, worüber sie sehr enttäuscht war. »Mutter Kirche« hat mich zu glauben gelehrt, mir geistliche Heimat geschenkt, das Gespür für Gottes Gegenwart in den Sakramenten wie im Alltäglichen. Mein Kirchenbild ist »old school«, ich weiß. Aber es passt zu mir.

Ich wünsche mir, dass wir einander zuhören statt zu be- und zu verurteilen. Dass wir uns nicht nur treffen, sondern uns begegnen. Trotz manchem Kopfschütteln und punktuellem Entsetzen über Entwicklungen in Kirche und Gesellschaft überwiegen Dankbarkeit und Freude. Ich bin dankbar, die zweifelhafte Fähigkeit der »gespaltenen Zunge« nicht mehr bemühen zu müssen. Ich freue mich, dass meine Kinder und Enkel sich Gedanken machen, wie unsere Welt zu erhalten und zu gestalten ist, damit das Gute wachsen kann. Dankbar bin ich, dass sie das Wirken des Geistes Gottes in ihrem Leben sehen oder zumindest für möglich halten.

Inzwischen unterscheide ich zwischen meinem Leben in der DDR und der Bewertung des Staates.

»Mit den gesellschaftlichen Verhältnissen ändert sich das moralische Urteil über die zurückgelegte Lebenszeit. Das kann bitter sein.«

Diktatur bleibt Diktatur, auch wenn man in ihr Kinder gebären, Häuser bauen und Apfelbäume pflanzen kann. Und ich erinnere an alle, deren Lebensmut zerbrach im Stasi-Gefängnis Hohenschönhausen oder im Zuchthaus Brandenburg-Görden. Meinem späteren Lebensgefährten lasteten die Jahre in Stasi-Haft so schwer auf der Seele, dass die einst tiefen Wurzeln seines Glaubens mehr und mehr verdorrten.

»Trau dich. Ich bin da.«

Im Sommer 1989 wurde das Lied »Vertraut den neuen Wegen« zum Lied der Friedlichen Revolution. »Vertraut den neuen Wegen, auf die uns Gott gesandt.« Gott schickt mich los. Sagt: »Trau dich. Ich bin da.« Ob ich will oder nicht, neue Wege stehen an. Ich versuche, die Zeit der Umbrüche und Unwägbarkeiten als Anfrage und Auftrag zu deuten – und dem Leben zu trauen, weil ich es nicht allein zu leben brauche.

Dieses »Ich bin da« Gottes durfte und darf ich spüren. Immer wieder und immer überraschend. Für die zurückgelegte Wegstrecke danke ich Gott und allen Weggefährten. Ich freue mich darauf, am Ende des Weges Jesus Christus von Angesicht zu Angesicht zu begegnen und alle wiederzusehen, die mir vorausgegangen sind. Ich bin mir ziemlich sicher: Das Schönste liegt noch vor mir.

Juliane Bittner

Zwei Leben für die Kirchenmusik

Über Jahrzehnte prägten die Brüder **Norbert** *und* **Ulrich Gembaczka** *das kirchenmusikalische Geschehen in St. Ludwig und St. Matthias. Dabei hat jeder eigene Akzente gesetzt*

Rein äußerlich würde man sie nicht sofort für Brüder halten. Und doch passiert es bis heute, dass sie verwechselt werden. Regelmäßig dankt ein Hochzeitspaar dem einen für die musikalische Gestaltung des Traugottesdienstes, obwohl der andere die Orgel gespielt hat. Verwunderlich ist die Verwechslungsgefahr bei Norbert und Ulrich Gembaczka jedoch kaum. Wenn auch nicht optisch, so haben doch beide die katholische Kirchenmusik in Berlin in den letzten Jahrzehnten maßgeblich mitgestaltet.

Die Kindheit erlebten sie in Herne im Ruhrgebiet. Auch wenn der erste Klavierunterricht nicht unbedingt dem eigenen Interesse entsprach, sondern von den Eltern entschieden wurde, dauerte es nicht lange, bis sie selbst Spaß daran fanden. Als der Klavierlehrer vorschlug, ihn auf Akkordeon umzuschulen, weigerte sich Norbert. Nicht Akkordeon, sondern die Orgel sollte es sein. Und so wurden die Brüder Orgelschüler des hauptamtlichen Kantors. Die Begeisterung für die »Königin der Instrumente« wuchs, wurde immer größer und hat sie bis heute nicht losgelassen.

Von der Pader über den Main an die Spree – der Weg von Norbert Gembaczka

Norbert studierte nach dem Abitur Theologie in Paderborn und schloss mit 22 Jahren als Jüngster im Kurs ab. Sein gesamtes Berufsleben lang habe ihm das Studium geholfen, weiß er heute. Schließlich hatte er es auch hin und wieder mit Geistlichen zu tun, die jedes Lied, in dem das Stichwort »Engel« vorkam, als Sanctus verwenden wollten.

Da er noch nicht das nötige Alter für die Priesterweihe hatte, wurde ein Konzert zum glücklichen Schicksalsmoment für seinen weiteren Werdegang: Der damals für seine Improvisationskünste gefeierte und bekannte Würzburger Domorganist Paul Damjakob gastierte im Paderborner Dom. Norbert kam die Aufgabe des Registranten zu, was wegen der

Entfernung von Spieltisch und Orgel eine große Herausforderung war. Offenbar war Paul Damjakob überaus zufrieden mit der Arbeit seines Assistenten und erkannte dessen Potenzial. Vier Wochen später kam der Anruf: Norbert könne Assistent am Dom werden. Da im Würzburger Dom die damals neueste Domorgel stand, zögerte er keinen Moment und sagte zu.

Im Würzburger Kiliansdom übernahm er alle Aufgaben, die anfielen. Vor allem aber verbrachte er viel Zeit damit, dem Domorganisten zuzuhören und ihm zuzuschauen. »Es konnte auch passieren, dass er mitten im Gottesdienst keine Lust mehr hatte und einfach gegangen ist. Dann musste ich das Hochamt zu Ende spielen«, erinnert sich Norbert Gembaczka schmunzelnd.

Nach einem lehrreichen Jahr bereitete er sich auf den Zivildienst und das Musikstudium vor. Und wieder war es der Würzburger Domorganist, der den nächsten Schritt initiierte: »In Berlin ist eine Stelle frei. Fahren Sie hin«, empfahl er seinem talentierten Schüler Norbert Gembaczka. »Und das war kurios«, erzählt sein Bruder Ulrich: »Als der damalige Pfarrer und der Domorganist Damjakob darüber sprachen, dass ›der Gembaczka‹ ein begabter Kerl sei, der die Stelle in der Pfarrei St. Ludwig antreten könnte, war ich dabei. Und natürlich bin ich davon ausgegangen, dass es um mich geht.« Gemeint war aber sein Bruder Norbert.

Nach einem positiven Eindruck von der Orgel in St. Ludwig erklärt Norbert Gembaczka, den es eigentlich gar nicht in die große Stadt Berlin gezogen hatte, seine Bereitschaft unter einer Bedingung: Er würde nur kommen, wenn er die Aufnahmeprüfung an der Musikhochschule besteht. Gesagt, getan. Am 1. Oktober 1978 begann er seine Stelle als Kirchenmusiker in der Pfarrei St. Ludwig. Sie sollte seine erste und einzige Kirchenmusiker-Stelle bleiben. Viereinhalb Jahre lang studierte er an der Hochschule der Künste Berlin parallel zum Hauptberuf Kirchenmusik.

Vom Main über die Donau an die Spree – der Weg von Ulrich Gembaczka

Ulrich Gembaczka machte sich nach der Zeit bei der Bundeswehr auf die Suche nach einer Berufsausbildung. Dass es weder ein Handwerk noch ein Bürojob werden sollte, da war er sich sicher. »Ich sah keine Alternative. Es musste Kirchenmusik sein«, erinnert er sich. Und er bewarb sich um einen Studienplatz. Zwei Jahre lang war er Assistent am Würzburger Dom und dort der Nachfolger seines Bruders. Er lernte das gesamte musikalische Programm an einer Kathedrale kennen, in Liturgie und Konzert. Zum Schwierigsten gehörte die Orgelbegleitung der lateinischen Vespern aus dem Antiphonale; an die extreme Vorbereitung dazu erinnert er sich noch heute mit Schaudern.

Die gesamte Kirchenmusik an einem Dom mitzuverantworten und sich da auch bewährt zu haben, aber dennoch keinen Studienplatz zu bekommen, habe ihn frustriert, sagt Ulrich Gembaczka. Erst im Nachhinein habe er erfahren, dass die zwei Studienplätze in Saarbrücken an Personen vergeben wurden, die vorher schon Schüler des Professors waren, der die Aufnahmeprüfungen bewertet hatte. Aber er verfolgte sein Ziel weiter. Schließlich wurde er als Nachrücker in Regensburg aufgenommen – »ein Glücksfall«, wie er sagt. Vier Jahre lang studierte er an der dortigen Fachakademie für katholische Kirchenmusik.

Seine erste Stelle trat Ulrich Gembaczka im niederbayerischen Deggendorf an. Dass diese Stadt zu klein war für ihn, der nicht gern lange im Rampenlicht stehen mag, wurde ihm schnell bewusst: »Selbst beim Metzger wurde ich mit ›Herr Chorregent‹ angesprochen«, erinnert er sich grinsend.

Die große Stadt Berlin kannte er von Urlaubsvertretungen für seinen Bruder. Und – sie begeisterte ihn: das große kulturelle Angebot, die Freiheit, die Möglichkeit zur Anonymität – ein Gegenstück zu Deggendorf. Er bewarb sich und wurde zunächst, parallel zum A-Studium an der HdK, Kirchenmusiker in St. Kamillus, dann in St. Clara und ab 1994 in St. Matthias.

An zwei Berliner Standorten prägten die Gembaczka-Brüder das kirchenmusikalische Geschehen über Jahrzehnte. Dabei hat jeder eigene Akzente gesetzt.

Die Kirchenmusik in St. Ludwig unter Norbert Gembaczka

Norbert Gembaczka war es ein Anliegen, die großen Orchestermessen an dem Ort und in dem Rahmen aufzuführen, für den sie komponiert worden sind: im kirchlichen Gottesdienst. In Berlin waren sie in den 1980er Jahren vorwiegend im Konzertsaal zu hören. Das Vorhaben gelang und St. Ludwig wurde zu einem Ort, an dem regelmäßig Messen mit Chor und Orchester zu hören sind. »Wir waren ein ganz normaler Kirchenchor. Aber Norbert ist es gelungen, uns zu immer höheren Leistungen zu bringen, ohne dass man die Lust verloren hat«, erzählt eine langjährige Chorsängerin.

Wichtig ist ihm, das gesamte kirchenmusikalische Repertoire abzubilden: »Und zwar nicht nebeneinander, sondern miteinander.« Im Kinderchor, den er gegründet hat, galt das in gleicher Weise: Sowohl Neues Geistliches Lied und Kinderlieder als auch Klassiker des katholischen Liedguts werden gesungen. Kurzum: von »Lobe den Herren« bis hin zu »Gottes Liebe ist wie die Sonne«. »Denn wie soll jemand als Erwachsener ›Großer Gott, wir loben dich‹ können, wenn er es als Kind nicht kennengelernt hat?«

Als »Hardliner« würde man ihn aber gründlich missverstehen. Ihm ist es wichtig, dass alles »Hand und Fuß« hat und nicht leichtfertig gemacht wird. Nachdem ein junges Paar ihm gute und nachvollziehbare Gründe für seinen Musikwunsch dargelegt hat, war er auch bereit, ein Stück aus dem Phantom der Oper bei der Hochzeit in der Sankt Hedwigs-Kathedrale zu spielen – obwohl das dem Domorganisten vorher verboten worden war.

Die Kirchenmusik in St. Matthias unter Ulrich Gembaczka

In der Pfarrei St. Matthias hatte Ulrich Gembaczka einen Kirchenchor übernommen, der seit den Nachkriegsjahren klassische Orchestermessen und lateinische Ordinarien pflegte. Diese Tradition führte er gerne weiter. Auch wenn es in der Zeit nach dem Zweiten Vatikanum einen starken Trend gab, nur noch deutsch zu singen, war es seinem Vorgänger Ludger Mai gelungen, an der Tradition festzuhalten, dass alle 14 Tage eine lateinische Sonntagsmesse mit gregorianischen Gesängen zelebriert wurde. »Ich staune immer wieder, dass auch neue Mitglieder der Gemeinde nach kurzer Eingewöhnungszeit die lateinischen Antworten auswendig mitsingen können.«

Noch eine weitere Besonderheit fand er in St. Matthias vor: Musikbegeisterte Mütter initiierten in den 1970er Jahren einen Kinderchor. Über das liturgische Programm hinaus führte dieser regelmäßig Singspiele auf. Aufwändig wurde an Texten und Verkleidungen gearbeitet. An die dreißig bis vierzig Kinder haben sich über die Jahre engagiert, einen monatlichen Familiengottesdienst mitgestaltet, Freizeiten unternommen. »Das war begeisterungsfähig! Und ich habe neben der Kinderchorleiterin sehr gerne die vielen Stimmen ausgebildet, Notentexte eingeübt, Arrangements ausgearbeitet und Partituren erstellt.«

Und noch etwas ist ihm in diesem Zusammenhang wichtig: »Menschen erinnern sich gerne an diese Zeit des Singens. Im Chor erleben sie Gemeinschaft, auch

im Gottesdienst. Da ist eine Quelle, um Menschen an die Kirche heranzuführen und sie dort zu beheimaten.« Aus Erfahrung weiß er: Im Kirchenchor singen bei weitem nicht nur klassische Kirchgänger. Sie wollen dort zuerst die Freude am gemeinsamen Singen erfahren und bekommen – eher beiläufig –

einen Zugang zur Liturgie, lernen diese hochzuschätzen.

Wer dreißig Jahre lang in einer Pfarrei wirkt, erlebt Veränderungen aus erster Hand. Ulrich Gembaczka blickt mit Sorge auf die Entwicklungen in der Jugend- und Messdienerarbeit. »Früher war fast an jedem Abend im Jugendheim etwas los. Neulich habe ich dort für eine Chorveranstaltung einen Kasten Bier entdeckt, das Ablaufdatum war bereits überschritten.« In den ersten Jahren seiner Dienstzeit in Schöneberg wäre so eine Entdeckung undenkbar gewesen. Das erschreckt ihn: Ist das symptomatisch für den Zustand der Kirche? Das Ablaufdatum bereits überschritten?

Nachholen: Fliegen und Zeit mit der Familie – und noch immer Kirchenmusik

So parallel die Lebenswege verlaufen sind, nun, im Ruhestand, unterscheiden sie sich dann doch:

Norbert Gembaczka hat mit 66 Jahren den Pilotenschein gemacht. Die Leidenschaft für das Fliegen hatte er schon immer. Jetzt hat er sich den Traum vom Fliegen erfüllt. Und die Musik? Kurz nach seinem Eintritt in den Ruhestand begann die Corona-Pandemie. »Da kamen ständig Anfragen, weil irgendwo immer jemand kurzfristig ausgefallen war.« Und so kam es, dass er an manchen Wochenenden als Ruheständler mehr Orgeldienste hat als zu der Zeit, da er noch im Dienst war. Gleichzeitig sagt er: »Es freut mich, wenn auch nach der vierten Heiligen Messe am Sonntag noch jemand kommt und sich für das Orgelspiel bedankt. Es ist ein gutes Gefühl, dass man noch gebraucht wird.« Für das zweite Ruhestandsprojekt, ein Buch über alle »katholischen« Orgeln in Berlin, bleibt da gerade zu wenig Zeit.

Ulrich Gembaczka möchte seinen Ruhestand zum »Nachholen« verwenden: Die Familie hat viele Jahre an den Wochenenden auf den Mann und Vater verzichten müssen. Das soll jetzt anders werden. Aber – bei genauerem Hinsehen stellt sich seine Aussage, dass er nicht mehr aktiv in der Kirchenmusik ist, als nicht ganz korrekt heraus. Denn auch er steigt noch auf die Orgelempore. Immer wieder mal vertritt er in St. Matthias seinen Nachfolger und übernimmt Dienste, wenn es Überschneidungen im Gottesdienstplan gibt.

Die Brüder sind sich einig: »Der Beruf des Kirchenmusikers ist familienfeindlich«. So begeistert und überzeugt sie von Kirchenmusik auch sind, die Familie habe darunter leiden müssen, »wenn man beim sonntäglichen Mittagskurzausflug spätestens ab 15 Uhr unruhig wurde, ob man es noch rechtzeitig zur Abendmesse schafft.«

»Der Beruf des Kirchenmusikers ist familienfeindlich«, sind sich die Brüder Gembaczka einig.

Und dennoch: Sie würden den Beruf wieder ergreifen. Bis heute begeistern sie sich auch dafür, Neues zu entdecken. Zum Beispiel klärt Ulrich seinen Bruder Norbert auf, dass die Ursprungsmelodie von »Stille Nacht, heilige Nacht« offenbar in den Punktierungen anders komponiert ist als bisher gedacht. Darauf wurde er aufmerksam, als er in einem Fernsehgottesdienst noch eine dritte Variante hörte. Man lernt nie aus – auch nach Jahrzehnten des Berufslebens auf höchstem Niveau. Zwei begeisterte Männer, die katholische Kirchenmusik in Berlin geprägt haben.

Lukas Hetzelein

Dr. Lukas Hetzelein

aus Cham (Oberpfalz) arbeitet als Referent beim Diözesanrat der Katholiken im Erzbistum Berlin. Die Orgel spielt er nur nebenbei, weil seine Mutter ihm verboten hatte, es zum Hauptberuf zu machen. Am Ende des Gesprächs mit den Gembaczka-Brüdern stellte sich heraus: Ulrich Gembaczka und die Mutter haben im selben Kurs in Regensburg studiert.

»Die Kirche verbindet einfach alles«

Karolina Lewandowska *bewegt sich zwischen ihrer polnischen Heimat und ihrer Wahlheimat Deutschland. Weil sie die unterschiedlichen Mentalitäten und Kirchenbilder versteht, kann sie Brücken bauen*

»Ich nehme kein Blatt vor den Mund. Das hat mich das Leben so gelehrt. Denn wenn ich es nicht ausspreche, weiß es ja niemand.« Wer Karolina Lewandowska trifft, begegnet einer Frau, die weiß, was sie will und klare Ansagen macht: was geht, was nicht geht, was funktioniert, was gebraucht wird, was zu tun ist. Die Mittvierzigerin mit der gepflegten blonden Hochsteckfrisur ist bemerkenswert strukturiert. Das ist ungemein hilfreich für ihre Aufgabe: Als Pfarrsekretärin in der Polnischen Katholischen Mission und in der Pfarrei Christi Auferstehung in Berlin bewegt sie sich zwischen zwei Welten, die sie tief mit ihrer polnischen Heimat und ihrer Wahlheimat Deutschland verbinden.

Viele Wendungen und Herausforderungen in ihrem Leben haben Karolina Lewandowska zu der starken, unabhängigen Frau gemacht, die sie heute ist. »Ich bin Berlinerin«, sagt sie mit einem Lächeln, das ihre Verbundenheit zu dieser Stadt unterstreicht – und das, obwohl ihre Wurzeln tief in Polen verankert sind. 1980 in Lublin geboren, kam sie, als sie ein Jahr alt war, zur Großmutter nach Masuren, was an der Geschichte und an der Musik lag: Die Eltern, beide Musiker, fuhren auf Konzertreise nach Westberlin. Nicht einmal eine Woche sollte die Reise dauern, doch genau in dieser Woche wurde in Polen das Kriegsrecht verhängt (polnisch *stan wojenny* für Kriegszustand), erzählt sie: »Das war am 13. Dezember 1981, und da hat mein Vater beschlossen, hier zu bleiben.«

Während der Vater in Westberlin als politischer Flüchtling anerkannt wurde, ging die Mutter zurück. Ihr Kind, die einjährige Karolina, war ja bei der Oma in Masuren. So wurde die junge Familie auf Jahre getrennt. Die Mutter erhielt keinen Pass, die Tochter hätte allein zum Vater ziehen dürfen, was keine Option war. Und so wuchs Karolina, obwohl Einzelkind, an der Seite ihrer Cousins in einer fröhlichen Kinderschar heran. »Bei Oma war es perfekt«, erinnert sie sich mit strahlenden Augen an ihre frühe Kindheit. Erst als sie fünf Jahre alt war, durfte sie mit ihrer Mutter zum Vater ziehen.

Als Fünfjährige aus Masuren nach Westberlin

Die erste Zeit in Deutschland war nicht einfach. Das Kindergartenjahr musste die kleine Karolina wiederholen: »Ich war da eher überfordert, ich kannte die Sprache ja gar nicht.« Nach der Einschulung in die St. Ludwig-Schule in Berlin-Wilmersdorf besuchte sie später das Hildegard-Wegschneider-Gymnasium im Ortsteil Grunewald. Dort war sie »nicht die Fleißigste«. Musikalische Förderung erhielt sie durch Klavier-, Gesangs- und Geigenunterricht. Zwei weitere prägende Elemente in ihrem Leben waren die Polnische Katholische Mission und das Reisen.

Das Reisen in ferne Länder nennt Karolina Lewandowska sogar ihre »schönste Kindheitserinnerung«: Richtung Osten, auch zur Familie nach Polen, konnten sie und ihre Eltern wegen des »Eisernen Vorhangs« nicht fahren, aber in den Westen. Ihr Vater wollte Venedig sehen. »Wir sind nicht geflogen. Wir sind gefahren. Und dann habe ich die ganze Fahrt über geschlafen und bin aufgestanden und war plötzlich in einem anderen Land«, erzählt sie, »das hat mich geprägt.« Heute bezeichnet sie sich als »reisefreudig, ja, reisefanatisch«.

Von Kindheit an in der Polnischen Katholischen Mission

Ihre heimatlichen Wurzeln pflegte die Familie vor allem in der Polnischen Katholischen Mission, die 1982 entstanden war. »Die Kirche verbindet einfach alles«, sagt Karolina Lewandowska. Ihre pädagogisch

begabte Mutter engagierte sich in der Erstkommunionvorbereitung. »Und nach zwei Jahren bekam sie dann eine Stelle als Sekretärin in der Mission, also in der Götzstraße, in der Capistrankirche.« Dass sich das Erzbistum im Zuge der Finanzkrise von der Kirche St. Johannes Capistran trennen musste, sie entwidmet und 2005 abgerissen wurde, schmerzt Karolina Lewandowska noch heute, verbindet sie doch mit dieser Kirche viele Erinnerungen, zum Beispiel an Jugendgruppen, die Firmvorbereitung und an gemeinsame Fahrten. »Wir hatten eine tolle Jugend zusammen.« Auch ihre besten Freundinnen fand sie dort: »Wir halten heute noch zusammen und sehen, wie wir uns entwickeln und ein bisschen altern«, sagt sie und lacht herzlich. Bei einem Krippenspiel lernte sie Krystian kennen: »Er war Josef, ich war Maria.«

Ein frühes Ende fand die Unbeschwertheit noch während des Besuchs des Hildegard-Wegschneider-Gymnasiums: Die junge Karolina wurde schwanger, heiratete ihren Krystian. Das Abitur holte sie später nach, an der Abendschule. Von der Geburt der Tochter Natalia an war sie mit ganzem Herzen Mama.

Der Krebs scheidet Wesentliches von Unwesentlichem

Aber als sie 25 war, die Kleine war erst drei Jahre alt, erkrankte Karolina Lewandowska an Krebs. »Es war sehr, sehr knapp«, erinnert sie sich. Der Arzt machte unmissverständlich klar, dass eine Entscheidung gegen eine Chemotherapie zugunsten der Haare »eine Entscheidung für den Sarg« wäre. Und so musste die junge Mutter grundlegend über Leben und Tod nachdenken: Wenn sie sterben würde, sei es denn so, käme sie dann halt in den Himmel, dachte sie. Aber für ihre Tochter wollte sie leben: »Ich wollte, dass sie eine Mutter hat.« Also entschied sie sich für die Chemo. Die dauerte über ein halbes Jahr. »Hat aber wunderbar geklappt«, der Krebs war besiegt und kam bis heute nicht wieder. Damals betete sie, dass sie die Erstkommunion der Tochter miterleben könne, später betete sie für die Firmung, »und jetzt bete ich für Natalias Hochzeit. Das ist einfach so, ich bin schon sehr gläubig.« Diese Zeit »war natürlich ein Einschnitt«, sagt Karolina Lewandowska nachdenklich. »Das hat allen, auch drum herum, gezeigt, was wichtig und was unwichtig ist.«

Diese Erkenntnis warf auch ihre beruflichen Pläne über den Haufen: Mit dem Traum vom Gesangsstudium war es nach der Genesung aus. Stattdessen folgte sie ihrer Reiseleidenschaft und machte eine Ausbildung zur Tourismus-Assistentin. Da sie als junge Mutter aber nicht unbeschwert die Welt erkunden konnte, blieb sie zuhause. Also in Kladow, hier hatte sich die junge Familie niedergelassen. Und obwohl sie es dort wirklich schön gehabt haben, »mit Kleingarten und so wie man es sich vorstellt, mit Hund und tollen Nachbarn«, war es ein Opfer, das die reiselustige Frau brachte, damit Natalia die Schule nicht wechseln musste: »Ich bin kein Dorfmensch, und Kladow ist und bleibt ein Dorf. Der eine mag's, der andere nicht – ich nicht.«

Verschiedene Bürojobs, teils im Reisebüro, in der Vermittlung von Busreisen, teils auch als Selbständige waren ebenfalls nicht die Erfüllung ihrer Träume. Trotzdem bildet sie sich weiter, erst zum Tourismus-Fachwirt, später im Büromanagement.

»Die Krankheit hat allen, auch allen um mich herum, gezeigt, was wichtig und was unwichtig ist.«

»Jonglieren« mit 74 000 Polen

Als ihre Mutter in den Ruhestand ging, trat Karolina Lewandowska deren Nachfolge als Sekretärin in der Polnischen Katholischen Mission an. »Es macht schon Spaß«, sagt sie, »aber es ist anstrengend.« Obwohl es sehr viel Arbeit gibt, bekam sie keine volle Stelle. Und so »jongliert« sie in 20 Wochenstunden 74 000 polnische Gläubige, managt Taufen, Hochzeiten, Patenscheine. Dazu kommt, dass diejenigen, die in Berlin wohnen, aber in Polen kirchlich heiraten wollen, vom Erzbischof eine Traulizenz, quasi einen »Überweisungsschein« benötigen. Da es viel billiger sei, eine Hochzeit in Polen auszurichten, habe sie viele Anträge auf Traulizenzen; 85 seien es im letzten Jahr gewesen. Das funktioniere natürlich nur, wenn alles gut organisiert ist. Der Respekt, den sich Karolina Lewandowska mit ihrer offenen und direkten Art erarbeitet hat, hilft ihr dabei.

Die Sache mit der Kirchensteuer

Ganz nebenbei habe sie auch schon etliche polnische Katholiken zum Wiedereintritt in die Kirche bewegt, erzählt sie. Was auch mit dem deutschen Kirchensteuersystem zu tun hat: Verschweigen polnische Katholiken gegenüber dem Finanzamt ihre Konfession, wird das wie ein Kirchenaustritt behandelt, was viele nicht wissen. »Wenn jemand aus Polen in Berlin ankommt und ein anderer sagt: Spar dir die Euros, du kannst trotzdem in die Kirche gehen, da spart der Pole die Euros und sagt: Die lege ich dann in die Kollekte«, erklärt die Pfarrsekretärin. Das böse Erwachen komme, wenn er heiraten oder sein Kind taufen lassen will. »Das geht dann nicht. Also sage ich ›entweder taufen oder nicht‹. Und frage, was sagt denn die Oma dazu? Die Oma in Polen sagt, das Kind muss getauft werden. Also treten die Leute wieder in die Kirche ein.«

Doch es ist nicht nur die Polnische Mission, die Karolina Lewandowskas Arbeitsalltag bestimmt. Weil ihr die halbe Stelle finanziell nicht ausreicht, arbeitet sie auch in einer Ortspfarrei: Zuerst drei Jahre »bei den Schutzengeln« in Hennigsdorf, dann ein Jahr in St. Karl Borromäus im Grunewald, jetzt in der neuen Pfarrei Christi Auferstehung – Berlin rund um den Funkturm. Die zwei Stellen empfindet sie wie zwei Welten: »Wenn ich ankomme, muss ich mir erst einmal bewusst machen, wo ich gerade bin, was ich wie mache.« Personell sei die Pfarrei im Vergleich zur Mission besser aufgestellt; zusammen mit ihrer Kollegin habe sie in 30 Stunden eine geringere Anzahl von Vorgängen zu bearbeiten. Dadurch könne man auf die Wünsche viel individueller eingehen, was sie in der Polnischen Mission als einzige Sekretärin nicht leisten könne.

Dass sie dort allein ist, birgt für Karolina Lewandowska auch eine Gefahr. Denn viele, die anklopfen, wollen Geld. Im Büro der Mission in den rückwärtigen Räumen der Johannesbasilika in Kreuzberg musste sie immer die Tür öffnen, wenn es geklingelt hat, nicht einmal einen Türspion habe es gegeben. »Aber hier ist ja zu einer Seite die Nuntiatur, zu zwei Seiten sind Friedhöfe. Und vorn zur Straße hört mich keiner, wenn ich schreie.« Dass sie sich mit dem Wunsch nach einer Kamera für den Türbereich durchsetzen konnte, macht sie stolz. Und dass die auch manchmal angeht, wenn ein Eichhörnchen über den Kirchhof läuft, freut sie besonders.

Mit Gott so sprechen wie mit den Menschen

Wichtig ist ihr auch das persönliche Glaubensleben. »Ich bin keine Rosenkranz- oder Psalmenbeterin«, sagt sie. So direkt wie mit den Menschen redet Karolina Lewandowska auch mit Gott. »Ich spreche meine Dankbarkeit täglich aus«, betont sie. Sie werde immer erhört, wenn sie um etwas bitte, wenn auch nicht immer sofort. »Das lehrt mich Geduld, von der ich nicht viel habe.« Die Heilige Messe besuchen sie und ihr Mann mal in der Polnischen Mission, mal in St. Canisius. »Das kommt darauf an, wann wir aufstehen«, bekennt sie verschmitzt.

Einen Traum hat Karolina Lewandowska auch: Sie möchte einmal eine aktive Großmutter sein, die vielleicht etwas weniger arbeitet und mehr Zeit für Reisen und ihre Familie hat. »Ich wäre schon eine coole Oma«, ist sie überzeugt. Und sie hofft, dass Tochter Natalia, die in Stettin Gesang studiert, einmal auf der Bühne der Metropolitan Opera stehen wird. Dafür betet sie auch. Darüber hinaus hat sie Sehnsucht nach dem Meer, ist begeisterte Schnorchlerin, und die karibischen Gewässer haben ihr Herz erobert: »Ich bin ein Stadtmensch mit Meerliebe.«

Von der Kirche wünscht sich Karolina Lewandowska, dass sie an ihren Werten festhält und die Familie aus Mann, Frau und Kind in den Mittelpunkt stellt. Sie sieht sich als konservativ, wenn es um die Lehre der Kirche geht, und wünscht sich, dass diese nicht verwässert wird. Gleichzeitig hofft sie auf eine lebendige, aktive Gemeinde, die sich den Herausforderungen der Zeit stellt, ohne ihre Grundlagen zu verlieren.

Cornelia Klaebe

Cornelia Klaebe

war früher Berlin-Redakteurin der Kirchenzeitung TAG DES HERRN. *Danach hat sie eine Zeit im Büro des Berliner Erzbischofs gearbeitet und sich später entschieden, ihr Brot im Staatsdienst zu verdienen. Im Nebenberuf als freie Journalistin schreibt sie darüber, was ihr Freude macht und zum Aufbau der Gemeinde beiträgt.*

»Caritas ist für mich gelebtes Evangelium«

Gottes Liebe zu verkünden bedeutet, dem Menschen offenen Herzens zu begegnen, findet Prälat Dr. **Stefan Dybowski**

Wir haben uns zum Gespräch in unserer Wohnung in Berlin-Pankow verabredet. Seit mehr als zehn Jahren ist Stefan Dybowski als Ordensreferent im Erzbistum Berlin tätig. In dieser Zeit hat er viele Ordensfrauen und -männer kennengelernt. So ist auch unser Konvent der Franziskanerinnen von Münster-Mauritz für ihn ein Ort, der ihm vertraut ist. Eine Begrüßung besonderer Art findet statt, als unser Hund Nero ihn sieht. Mehr als einmal hat Nero erlebt, dass dieser Mann im schlichten schwarzen Anzug nicht nur ein Menschenfreund ohne Berührungsängste ist, sondern auch weiß, was »Hund« mag. Entsprechend freudig fällt die Begrüßung aus.

Wer ist dieser Mann, der diverse Ämter im Erzbistum Berlin innehatte und immer noch seine Aufgaben mit Freude und Leidenschaft angeht? Geboren in der Nachkriegszeit, wächst er in einer Großfamilie auf. Das Zusammenleben mit seinen Eltern und seinen sieben Geschwistern hat ihn, wie er sagt, geprägt. »Da ging es immer sehr lebhaft zu. Ein Einzelzimmer, in das ich mich zurückziehen oder das ich selbst gestalten konnte, gab es für mich nicht. Wir haben als Jungen das Zimmer geteilt, und mit dem Zimmer viel mehr. Ich musste vieles lernen: Rücksicht zu nehmen, mich mit anderen auseinanderzusetzen. Aber ich durfte auch erleben, wie meine Geschwister mitgeholfen haben, meinen Platz in der Welt der Erwachsenen zu finden.«

Nicht nur die Familie begleitet ihn auf der Suche nach seinem Platz im Leben. Wie es zur damaligen Zeit im katholischen Umfeld üblich ist, werden er und seine Geschwister selbstverständlich zum Gottesdienst mitgenommen. Er empfindet dies aber nie als religiöse Strenge, denn »später haben wir selbst entscheiden können, ob wir unser Leben mit der Kirche leben oder nicht«.

Und diese Kirche befindet sich im Umbruch: Das Zweite Vatikanische Konzil erfährt er als eine sehr positive Veränderung: »Ich habe als Messdiener ja noch das lateinische Stufengebet gelernt. Und nun fand eine Liturgie statt, die für alle verständlich war. Das war nicht nur für mich, sondern auch für meine Eltern und Geschwister eine neue und wunderbare Erfahrung.« Dass er in der Kirche eine Heimat gefunden und später sogar Priester geworden ist, verdankt er zum einen »großartigen Kaplänen«, die damals eine Jugendarbeit machten, die ihn faszinierte: Gruppenstunden, Zeltlager, Glaubensabende, Radtouren. So wird die Pfarrei für ihn ein zweites Zuhause. Die Schularbeiten leiden manchmal sehr darunter.

Mit Jesuitenpatres auf Klassenfahrt

Wobei die Schule für ihn nicht nur ein Ort theoretischer Wissensvermittlung war: »Die Jesuiten, die mich unterrichtet haben, haben mit uns in den Osterferien Reisen nach Spanien, Sizilien oder Griechenland gemacht. Das waren großartige Fahrten, in denen wir nicht nur andere Länder und

Kulturen, sondern auch die Patres von einer anderen Seite kennengelernt haben. So habe ich Kirche immer als einen Ort von Gemeinschaft und Freude erlebt. Vielleicht war dies dann auch ein guter Nährboden, auf dem meine Berufung wachsen konnte.«

Eine Berufung, die sich erst allmählich entwickelt. Denn nach dem Abitur geht es zunächst zum Pharmaziestudium nach Braunschweig. An die Studienzeit dort und seine anschließende Tätigkeit als Apotheker denkt er sehr gern zurück. Schon in seiner Schulzeit entwickelte er ein Faible für die naturwissenschaftlichen Fächer. »Eine mathematische Aufgabe zu lösen fiel mir viel leichter als über Schillers Don Carlos einen Aufsatz zu schreiben.« Als er mehr und mehr Einblick in die Physiologie des Menschen bekommt, versetzt ihn das Zusammenspiel der natürlichen Körperfunktionen immer wieder ins Staunen. Aus der Naturwissenschaft erwächst die Ehrfurcht vor der Schönheit dessen, was die Natur so selbstverständlich hervorzubringen imstande ist.

Seelsorger im weißen Kittel

Und er erlebt, wie eng Leib und Seele miteinander in Beziehung stehen. So manche Beratung in der Apotheke beginnt mit der Wirksamkeit eines Medikamentes und endet bei Fragen, die das ganz persönliche Leben des Kunden betreffen. »Ich war also ein Seelsorger, allerdings im weißen Kittel«, bemerkt er lächelnd. Die Faszination seiner Tätigkeit hätte fast dazu geführt, dass er als junger Apotheker zu einem Angebot, eine Apotheke zu pachten, ja gesagt hätte.

Doch da ist zugleich bereits der Wunsch spürbar, in anderer Form in der Seelsorge tätig zu werden – ohne Ladentheke und Rezept, sondern in der Nachfolge Jesu. »Die Bibelstelle, in der ein Kaufmann auf der Suche nach kostbaren Perlen ist, hat mich immer wieder vor die Frage gestellt, wohin sich meine Suche richtet, wohin ich denn mein Augenmerk richte.« Ihm wird klar, dass er sich nach der Naturwissenschaft nun der Theologie zuwenden würde, um Priester zu werden und »Freude und Hoffnung, Trauer und Angst der Menschen von heute, besonders der Armen und Bedrängten aller Art« zu teilen. So formuliert es die Pastoralkonstitution »Gaudium et spes« des Zweiten Vatikanums.

Sein Traum: Gemeindepfarrer zu werden, in der Vielfalt einer Gemeinde mit den unterschiedlichsten

Menschen aus allen Generationen auf dem Weg zu sein, sie auf ihrem Lebensweg zu begleiten und ihnen mit seiner Präsenz zu helfen, den Schatz zu heben, der ihrem Leben Fundament und Richtung geben kann. Doch es kommt anders: »Als der damalige Generalvikar Dr. Johannes Tobei mir mitteilte, dass der Bischof mich zum Studium der Caritaswissenschaft beauftragen wolle, ist bei mir erst einmal dieser Traum wie eine Seifenblase zerplatzt. Der Mensch denkt, Gott lenkt.«

»Ich habe engagierte Frauen und Männer erlebt, die Menschen in den unterschiedlichsten Nöten beistanden und geholfen haben. Ihnen brauchte ich nichts mehr vom barmherzigen Samariter zu erzählen.«

Caritasrektor statt Gemeindepfarrer

Stefan Dybowski absolviert sein Studium und promoviert. Als Vorsitzender des Caritasverbandes für das Erzbistum Berlin e.V. und Caritasrektor wird er einer der prägenden Menschen der Caritas im Erzbistum. Und dies ganz ohne Vorgaben: »Ich muss immer noch schmunzeln, wenn ich mein Dekret zur Ernennung als Caritasrektor lese. Dort heißt es: ›Eine Aufgabenbeschreibung erfolgt nach einer Zeit der Einarbeitung.‹ Die ist bis heute nicht erfolgt. Anscheinend war den Verantwortlichen im Bistum gar nicht so klar, was ich da tun sollte.« Doch er erlebt schnell, worauf es ankommt.

So wird er bei den Mitarbeiterinnen und Mitarbeitern der Caritas sehr herzlich empfangen. Sein Büro in der Zentrale ist zwar vorhanden, er allerdings oft unterwegs. Dorthin, wo die Caritas im wahrsten Sinne des Wortes notwendig ist: »Meine Arbeit spielte sich an den Orten der Caritas ab, in Beratungsstellen und Sozialstationen, in Krankenhäusern, Kindergärten und Senioreneinrichtungen. Sehr schnell ist mir bewusst geworden: Was du predigst, das wird hier gelebt! Ich habe engagierte Frauen und Männer erlebt, die Menschen in den unterschiedlichsten Nöten und Schwierigkeiten beistanden und geholfen haben. Caritas war und ist für mich gelebtes Evangelium. Den Mitarbeiterinnen und Mitarbeitern brauchte ich auch nichts mehr vom barmherzigen Samariter zu erzählen. Das war für sie Alltag. Die suchten vielmehr Quellen zum Auftanken. Und ich hoffe, dass ich ihnen in den 13 Jahren meiner Tätigkeit dort einige Quellen erschließen konnte.«

Wie Glauben Raum gewinnen kann

Geistliche Quellen zu erschließen, wird im Jahr 2012 durch den Prozess »Wo Glauben Raum gewinnt« zu einer seiner nächsten Aufgaben. »Die habe ich gern angenommen. Einmal hat es mich wieder enger mit den Gemeinden in Verbindung gebracht. Und mit den Menschen über die Zukunft ihrer Gemeinden nachzudenken war für mich ein spannendes Thema.« Sehr bald wird er von Gemeinden eingeladen, mit ihnen über ihre künftige Pastoral nachzudenken. Diesen Weg zu begleiten, macht ihm Freude: »Bei den Überlegungen zur Wahl eines gemeinsamen Pfarreipatrons kam zum Beispiel die Frage auf, mit welchem Heiligen wir uns identifizieren können. Wo können wir Anregungen gewinnen für unsere pastorale Arbeit, und dies ganz konkret an der Küste, im Land Brandenburg oder in der Großstadt Berlin?«

Doch dieser Prozess hält auch ernüchternde Erfahrungen bereit: »Enttäuschend war für mich die Erkenntnis, dass sehr oft doch die strukturellen Fragen im Vordergrund standen und oft wenig Raum ließen für die geistlichen Themen, beispielsweise für die Frage, was es heißt, als Pfarrei die Eucharistie nicht nur zu feiern, sondern sie im Alltag der Gemeinde zu leben.« Ihm ist wichtig, dass die Lebendigkeit der neuen Pfarreien von Strukturen gestützt, aber nicht von ihnen erfüllt wird.

Seit 2013 ist Stefan Dybowski als Ordensreferent zuständig für die Orden und Geistlichen Gemeinschaften des Erzbistums. Als der Bischof ihn fragte, ob er das Amt des Ordensreferenten – zunächst für die Ordensschwestern, dann auch für die Ordensbrüder – übernehmen könnte, brauchte er nicht lange auf die Zustimmung warten: »Ich habe mich sehr über diese Anfrage gefreut. Durch meine Arbeit als Caritaspfarrer war ich ja schon mit vielen Ordensschwestern und Ordensbrüdern in Kontakt, weil diese häufig in Krankenhäusern, Kinderheimen, Senioreneinrichtungen oder sozialen Brennpunkten tätig waren.«

Die Fröhlichkeit der Christen in anderen Ländern

Als Diözesanpriester ist es für ihn eine Bereicherung, an den Erfahrungen der Ordenschristen vor Ort und im Ausland teilhaben zu können: »Interessant ist für mich immer, wenn sie aus ihrem Leben erzählen. Während ich fast die ganze Zeit meines priesterlichen Lebens in Berlin verbracht habe, berichten viele Ordensleute vom Leben in Brasilien, im Kongo oder in Papua Neuguinea. Dann werde ich oft ziemlich kleinlaut. Ich mag mein Heimatland und auch unsere Kirche in Deutschland, aber manches Mal wünschte ich mir etwas mehr von der Weite und auch von der Fröhlichkeit, die die Kirche in anderen Ländern ausstrahlt.«

Dass sich viele Ordensgemeinschaften aus dem Erzbistum zurückziehen, weil sie keinen Nachwuchs haben, tut ihm weh. Dabei geht es nicht nur um Arbeitsbereiche, die nun von anderen übernommen oder aufgegeben werden, sondern um die menschlichen Begegnungen und den Austausch, den er vermisst. Der Kontakt zwischen dem Erzbistum und den Ordensleuten untereinander ist ihm wichtig: »Die Arbeitsgemeinschaft der Ordensfrauen im Erzbistum Berlin und ich versuchen, durch gemeinsame Treffen und Veranstaltungen die Schwestern aus verschiedenen Ordensgemeinschaften miteinander bekannt zu machen. Da sind über die Jahre schöne und oft auch tragfähige Beziehungen entstanden, die in unserer Zeit sehr wertvoll sind.

Und die Geistlichen Gemeinschaften in unserem Bistum bereichern mit ihren ganz unterschiedlichen Charismen das Leben in den Gemeinden – auch wenn sie kein Ersatz sind für die rückläufige Zahl der Ordenschristen.«

Im Alter nicht mürrisch werden

Stefan Dybowski blickt inzwischen auf 70 Lebensjahre zurück. Was er sich für die Zukunft wünscht? »Natürlich fallen mir sofort Frieden, Bekämpfung der Armut und andere große Themen unserer Welt ein. Auf mein konkretes Leben bezogen, wünsche ich mir, dass ich noch lange als Priester tätig sein kann und in der Kirche gebraucht werde. Denn es macht einfach Freude.

Ich wünsche mir, dass die guten Beziehungen, die ich zu meiner Familie und zu einigen Freunden habe, weiter bestehen und tragfähig bleiben. Sie sind für mich eine wesentliche Energiequelle für mein priesterliches Leben und für meinen Glauben. Und schließlich wünsche ich mir, dass ich mit fortschreitendem Alter nicht mürrisch werde, sondern versöhnt und froh leben und andere begeistern kann. Ich kenne solche Menschen. So möchte ich auch werden.«

Sr. M. Hannelore Huesmann

Schwester M. Hannelore Huesmann

geboren 1960, trat nach ihrem Krankenpflegeexamen 1987 in die Ordensgemeinschaft der Franziskanerinnen von Münster-Mauritz ein. Seit 1992 lebt sie mit zwei Mitschwestern in Berlin-Pankow und leitet den von ihr mitgegründeten ambulanten Hospizdienst TAUWERK für Menschen mit AIDS.

»Ich fühle mich von Gott getragen«

Mit fast 40 und einem Doktor in Geschichte sattelte sie um und studierte Soziale Arbeit: **Marion Bonillo** *oder Marion de los Angeles Bonillo, wie sie nach ihrer spanischen Großmutter heißt*

»Ich wollte in meinem Beruf gern anderen Menschen helfen«, sagt Marion Bonillo. Mit fast 40 Jahren und einem Doktortitel in Geschichte sattelte sie noch einmal um – und studierte Soziale Arbeit. »Alles richtig gemacht«, findet die 55-Jährige im Nachhinein.

Ihre Mutter war mit ihrer Familie im Zweiten Weltkrieg aus Ostpreußen geflüchtet, ihr Vater den politischen Verhältnissen in Spanien unter Diktator Francisco Franco entkommen. In Hannover lernten sie sich kennen, das gemischtkonfessionelle Paar heiratete katholisch. Um die kirchliche Erziehung kümmerte sich eher die protestantische Mutter als der katholische Vater. Denn der hatte seit seiner Kindheit und Jugend mit der Institution Kirche gefremdelt. »Er erlebte sie in den 1930er Jahren nicht warmherzig und nah an den Menschen. Den Geistlichen ging es gut, während die Bevölkerung Hunger litt.«

Ihre spanische Großmutter konnte Marion Bonillo nie kennenlernen, sie starb ein Jahr vor ihrer Geburt. »Aber ich habe indirekt einen Teil von ihr geerbt: Sie hieß Maria de los Angeles und ich heiße Marion de los Angeles. Meinem Vater war das wichtig.« Ihren Namen findet sie schön. »Erstens fällt man immer auf«, sagt sie lachend, »und zweitens: Marion von den Engeln – besser geht's doch gar nicht, oder?«

»Typisch deutsche Tugenden« und der Wert der Demokratie

Ihre Familie mit Flucht- und Migrationshintergrund konnte sich gut in der Bundesrepublik integrieren. »Meinem Vater waren Pünktlichkeit, Verlässlichkeit und Struktur immer sehr wichtig. Er lernte schnell die deutsche Sprache und erhielt eine Anstellung als technischer Zeichner bei den Hannoverschen Stadtwerken.« Ihre Mutter arbeitete bei der Post, kümmerte sich dann aber um die Erziehung der vier Kinder. »Was ich toll fand: Als meine Eltern über die Aufteilung der Rollen – Arbeit und Kindererziehung – sprachen, war mein Vater offen dafür, die Rolle als Hausmann einzunehmen. Aber er hatte als technischer Zeichner die höheren Verdienstmöglichkeiten.«

Doch als »typisch deutsch« geltende Tugenden waren nicht die einzigen Werte, die Marion Bonillo und ihre Geschwister vermittelt bekamen. »Mein Vater war ein großer Verteidiger der Demokratie. Als wir alt genug waren, wählen zu dürfen, zelebrierten wir das immer gemeinsam als ganze Familie«, erinnert sie sich. Dass Menschen sich frei entfalten können, sei ihm wichtig gewesen. »Aber«, fügt sie hinzu, »nicht um jeden Preis, nicht auf Kosten der Allgemeinheit.«

Die Bonillos gehörten nicht zu den regelmäßigen Gottesdienstgängern. »Ich hatte keine klassische katholische Sozialisation. Ich ging zur Erstkommunion, zur Firmung aber schon nicht mehr«, erzählt sie. Ihren Pfarrer hat sie als Choleriker in Erinnerung. »Der Kommunionunterricht war sehr streng, ebenso die Heranführung an die Beichte.« Als sie im Beichtstuhl saß, dachte sie, Gott höchstpersönlich säße ihr gegenüber. »Dieser Eindruck wurde mir vermittelt.« Als sie sah, wie die Tür aufging und der Pfarrer herauskam, fiel sie aus allen Wolken. Von einer Konversion zum katholischen Glauben riet ein anderer Pfarrer ihrer Mutter ab: »Sie würden ja doch nicht von der Gemeinde akzeptiert werden.« Nach ihrer Erstkommunion hatte Marion Bonillo das Gefühl: »Den Zugang zu einem liebenden Gott muss ich mir erst wieder suchen.«

»Patchwork-Lebenslauf«

Nach dem Abitur wollte sie eigentlich Kunst an der Berliner Hochschule der Künste studieren. Doch sie vergaß, rechtzeitig ihre Bewerbungsmappe abzuschicken. Also studierte sie an der Freien Universität Geschichte und Germanistik. Es war der Beginn ihres »Patchwork-Lebenslaufs«, wie sie ihn nennt.

Mit einem Job verdiente sie sich das Geld für ihre Promotion, die sie über die »Zigeunerpolitik« im deutschen Kaiserreich schrieb. Für sie war die Forschung zu dem Thema auch eine Beschäftigung mit ihrer eigenen Geschichte. »Es war interessant festzustellen: Mit welchen dieser Stereotypen war ich in ähnlicher Form auch mal konfrontiert?« Sie erinnert sich an ein Ereignis aus ihrer Kindheit in einer Wohnsiedlung für städtische Angestellte. »Als ich mit meiner Mutter spazieren ging, saß eine Frau am Fenster und rief nach drinnen: Macht schnell die Fenster zu, es stinkt!« Wie sie später erfuhr, gehörte diese Frau zu einer der sozial schwachen Familien, die über ein integratives Programm in dem Wohngebiet angesiedelt wurden. »Durch die Abwertung anderer«, weiß Marion Bonillo heute, »wollte sie sich selbst aufwerten.« Als unbedarftes Kind habe sie dieser unvermittelte Schlag hart getroffen.

Auch wenn ihre Doktorarbeit in der Wissenschaftslandschaft auf gute Resonanz stieß, war Marion Bonillo mit ihrer beruflichen Situation nicht glücklich. »Mir war vorher nicht bewusst, wie wenige Arbeitsplätze für Historiker und Germanisten ohne Lehramtsstudium es gibt«, erzählt sie. Wie viele ihrer ehemaligen Kommilitonen auch habe sie sich nach dem Studium mit Gelegenheitsjobs über Wasser halten müssen – eine Situation, die ihr zusetzte.

Wendepunkt »Ora et Labora« im Kloster Helfta

Als sie im Kloster Sankt Marien zu Helfta – im gleichnamigen Ortsteil von Lutherstadt Eisleben in Sachsen-Anhalt gelegen – bei den Zisterzienserinnen an einem Ora-et-Labora-Kurs teilnahm, wendete sich das Blatt: Für eine Woche in die klare Struktur des Tagesablaufs der Ordensfrauen einzutauchen und den klösterlichen Rhythmus zu erleben, half ihr. Auch den Zugang zur Kirche fand sie auf diesem Weg wieder. »Dass ich zwar zur Erstkommunion, aber nicht zur Firmung gegangen bin, hatte sich immer wie ein Bruch, etwas Unvollendetes angefühlt.«

Das stille Gebet habe sie in Helfta zu schätzen gelernt – ebenso wie die Ausstrahlung von Schwester Klara Maria Hellmuth. »Sie war wie ein klarer Stern für mich, ein großes Vorbild mit einem großen Herzen. Nach den Tagen im Kloster wusste ich, wohin ich eigentlich wollte.«

Nämlich zu den Menschen. Sie absolvierte eine Ausbildung zur ehrenamtlichen Trauerbegleiterin in einem Kinderhospiz und spricht heute von »einschneidenden Erlebnissen« bei der Begleitung mehrerer Familien. Mit Menschen zu arbeiten schien ihr zu liegen, denn schon bald wurde sie von ihrer Koordinatorin angesprochen. »Sie fragte mich: Warum studierst du denn nicht Soziale Arbeit? Du bist doch wie gemacht für diesen Beruf.« Warum nicht?, fragte sich Marion Bonillo – und fing mit fast 40 Jahren noch einmal an zu studieren. Sie schrieb sich an der Katholischen Hochschule für Sozialwesen Berlin (KHSB) ein.

Endlich beruflich angekommen

2010, unmittelbar nach dem Studium, wurde Marion Bonillo eine Tätigkeit an der KHSB angeboten. Seitdem hat sie in unterschiedlichen Bereichen der Hochschule gearbeitet und geforscht. Im Zuge des Forschungsprojekts »Potenziale und Risiken in der familialen Pflege alter Menschen« entwickelte sie Schulungen und einen Leitfaden für ambulante Pflegedienste zur Gewaltprävention. »Alte Menschen werden häufig von den Angehörigen gepflegt. Diese Konstellation ist oft gut, kann aber auch Probleme in sich bergen«, erläutert Marion Bonillo. »Etwa, wenn die Pflegenden viel von sich selbst aufgeben müssen und darunter leiden. Oder wenn frühere Konflikte in Familien, die von Aggressionen oder sogar körperlicher Gewalt geprägt waren, in die Gegenwart nachwirken – nur eben mit vertauschten Rollen.«

Unter sozialer Arbeit versteht Marion Bonillo nicht die Verwaltung von Armut. »Symbolisch gesprochen reicht es mir nicht, wenn wir den Menschen nur ein Stück Brot reichen. Ich will ihnen gern dazu verhelfen, ihrer Not dauerhaft zu entkommen.« Manche Notlage müsste aus ihrer Sicht gar nicht erst entstehen. »Empowerment, also die Ermutigung und Ermächtigung Hilfsbedürftiger,

»Sie fragte mich: Warum studierst du denn nicht Soziale Arbeit? Du bist doch wie gemacht für diesen Beruf.«

ist ja in aller Munde«, sagt sie. »Aber mindestens genauso wichtig ist es, Augen und Ohren offen zu halten für den Menschen in der Nachbarschaft, der gerade zugrunde geht.«

Sie erinnert sich an ihre Kindheit und Jugend, als diese Achtsamkeit noch verbreiteter war und man sich regelmäßig beim Nachbarn nach dessen Wohlbefinden erkundigte. »Diese soziale Norm hatte vielleicht auch ihre Schattenseiten, aber schlecht war der Grundgedanke nicht.« Als »Hauen und Stechen um die Ressourcen« erlebe sie das heutige gesellschaftliche Miteinander. »Und wer unten angekommen ist, ist raus aus dem Spiel.«

Ihre größte Sorge ist derzeit die zunehmende Polarisierung in der Gesellschaft und die Wiederbelebung negativer Stereotype. »Da müssen wir wachsam sein und uns schützend vor diskriminierte Gruppen stellen«, meint Marion Bonillo. Menschen seien geneigt, in Schubladen zu denken, weil sie ihnen Sicherheit brächten. »Je weniger man sich das bewusst macht, desto gefährlicher wird es. Wenn man den eigenen Blick weiten und vorurteilsfrei auf sein Gegenüber zugehen würde, wäre vieles einfacher.« Das Hauptproblem sind aus ihrer Sicht auch nicht die Menschen, die selbst ganz unten stehen und schauen, wohin sie austeilen können. »Viel gefährlicher sind Personen, die gut situiert sind, einen akademischen Hintergrund haben, also eigentlich in der Lage sind, zu reflektieren, sich aber bewusst für eine enge, ausgrenzende Sichtweise entscheiden – und andere Personen mit vermeintlich einfachen Lösungen in einer komplexer werdenden Welt instrumentalisieren wollen«, sagt sie.

Allgemein leide die Gesellschaft auch an ihrer Schnelllebigkeit. »Ich vermisse die Bereitschaft, mal durchzuatmen, sich hinzusetzen und die Dinge in Ruhe durchzudiskutieren.« Die sozialen Netzwerke spielen dabei ihrer Meinung nach eine entscheidende Rolle: »Da geht es teilweise nur darum, in einer Sekunde irgendeine Botschaft abzuschicken«. Diese Entwicklung gehe zu Lasten der Debattenkultur und der Fähigkeit, tragfähige Kompromisse zu finden.

Kulturelle Unterschiede anerkennen und verstehen lernen

Diesem Trend möchte sie mit Dialog und einem intensiven interkulturellen Austausch begegnen – unter anderem auch als Verantwortliche des »International Office« der KHSB. »Gemeinsam mit allen anderen setze ich mich für eine Willkommenskultur bei uns auf dem Campus ein. Das geht nur, wenn wir anerkennen, dass es unterschiedliche kulturelle Sozialisationen gibt«, findet Marion Bonillo. »Und versuchen, die Gemeinsamkeiten zu entdecken, aber auch die Unterschiede – und damit einander – zu verstehen.« Zusammenleben in der Demokratie bedeutet für sie vor allem, sich Zeit zu nehmen und Kompromisse zu finden.

Mit ihrer beruflichen Zuwendung zur Sozialen Arbeit und zur KHSB schloss sich für Marion Bonillo somit ein Kreis. Doch nicht nur beruflich. Denn ungefähr zur gleichen Zeit erfuhr sie über eine Freundin von der Möglichkeit einer Erwachsenenfirmung. »Ich hatte gedacht, dieser Zug sei längst abgefahren. Es war für mich ein Aha-Erlebnis, ein Wink des Schicksals.« Dass sie sich als Mensch, der zu diesem Zeitpunkt bereits Höhen und Tiefen erlebt hatte, noch einmal ganz bewusst dafür entschied, die Firmung nachzuholen, empfindet sie im Nachhinein als wertvoll.

Die Schönheit der Liturgie

Die Liturgie der Katholischen Kirche fand sie schon als Kind in der niedersächsischen Diaspora am schönsten. »Obwohl die Kirchen dort eher von protestantischer Schlichtheit waren, hatten die Gottesdienste für mich immer etwas Feierliches, etwas von Feiertag. Der Weihrauch, der schöne Gesang, schon der Einzug – da fühle ich mich zu Hause.«

Als Grundübel der zutage getretenen Missstände in der Katholischen Kirche sieht sie den Machtmissbrauch einzelner, der strukturell begünstigt werde. »Ich bin in der Kirche geblieben, um dem etwas entgegenzusetzen, den schönen Glaubenskern zu bewahren und mich für Aufklärung, Opferschutz und strukturelle Veränderungen einzusetzen«, erklärt Marion Bonillo.

Ihre Beziehung zu Gott trägt sie nicht offen vor sich her. »Aber ich fühle mich sehr von ihm getragen«, sagt sie. Je älter sie werde, desto häufiger habe sie festgestellt, dass ihr manche Dinge immer wieder zugefallen seien, obwohl sie sich gar nichts Bestimmtes vorgenommen hatte. »Dass diese Dinge ›zufällig‹ geschehen sein sollen, glaube ich nicht.« Und: »Ich glaube, dass nichts sinnlos gewesen ist in meinem Leben. Diesen Moment, in dem ich sage: Hätte ich doch dies und jenes lieber anders gemacht – diesen Moment gab es nie.« Stattdessen sei sie zur Einsicht gelangt: »Egal, was ich tat: Letztlich ist dabei die Person herausgekommen, die ich bin.«

Stefan Schilde

Stefan Schilde

Dass er eines Tages für eine Kirchenzeitung schreiben würde, hätte er früher nicht für möglich gehalten. Aber das Volontariat an der katholischen Journalistenschule ifp und beim Tag des Herrn *hat dem gebürtigen Potsdamer so gut gefallen, dass er dabeigeblieben ist. Früher trug allenfalls seine Liebe zum Fußball religiöse Züge. Jetzt taucht er als Neuling in der Kirche mit jedem Beitrag, dank jedem Gegenüber tiefer in die Fülle des Glaubens ein.*

Eine Berufung nach Berlin

Sr. **Mirjam Fuchs** *OCD*
gehört zur Ordensgemeinschaft der Unbeschuhten Karmelitinnen. Als der Karmel in Dachau eingeladen wurde, ein Kloster in Berlin-Plötzensee zu gründen, war sie mit dabei

Sr. Mirjam kann man an vielen Orten treffen. In evangelischen und katholischen Kirchen. In Berlin, Brandenburg, Vorpommern. In Deutschland und in Europa. Man trifft sie immer in der größten Kerze, der Osterkerze, kunstvoll verziert mit den typischen Symbolen. Handarbeit. Kunst. Made in Berlin. Made in Plötzensee. Made im Karmel Regina Martyrum. Geschaffen von Sr. Mirjam Fuchs OCD.

Sr. Mirjam selbst kommt nicht aus Berlin. Ein feiner Dialekt in der Sprache verrät ihre Herkunft: »Ich bin in Stuttgart geboren und aufgewachsen in der Nähe von Stuttgart. Ich habe zwei jüngere Schwestern, die Familien haben. Die Familie ist gewachsen – Nichten, Neffen. Meine Eltern sind inzwischen gestorben.« Die Eltern, so sagt sie, seien nicht die großen Kirchgänger gewesen. »Was ich an Religiosität und Kirche als Kind erlebt habe, das kam von der Großmutter. Sie hat mich ab und zu mitgenommen.« Das allerdings war nicht besonders prägend. »Dann kamen die Schulzeit und die Pubertät. Da habe ich gedacht, das brauche ich alles nicht mehr und habe mich von der Kirche verabschiedet. Es ging auch ganz gut ohne.«

Was die Planung der beruflichen Zukunft angeht, so habe sie eigentlich gar nicht gewusst, was sie machen solle. So ging der Weg erst einmal in Richtung Hauswirtschaft. Dass ein Missverständnis für ihre Zukunft die entscheidenden Weichen stellen würde, hat sie erst später erkannt. »Eine Freundin sagte, sie würde verreisen und fragte mich, ob ich nicht mitkommen wollte. Ich wollte gerne mit der Freundin weg, und ich habe verstanden, dass wir in das Tessin fahren. Mit großer Freude bin ich also auf diese Reise zugegangen. Aber es ging nicht ins Tessin, sondern nach Taizé. So bin ich also mit ihr in Taizé gelandet.«

In Taizé konnte sie Fragen stellen

Es war für sie eine so andere Welt, dort in dem kleinen Dorf im Burgund mit der ökumenischen Gemeinschaft der Mönche. Beeindruckt haben sie vor allen Dingen die vielen Gleichaltrigen, mit denen man über den Glauben ins Gespräch kam. Etwas, das sie zuvor abgelehnt hatte. »Aber es wurde plötzlich wieder interessant, weil da von Altersgenossen Fragen gestellt wurden. Man kann alles in Frage stellen. Man kann alles fragen. Es gibt verschiedene Meinungen. Es gibt verschiedene Äußerungen des Glaubens. Es gibt verschiedene Praktiken in dieser Ökumene in Taizé. Das war eine ganz neue Welt für mich. Das hat mich total fasziniert. Ich bin anders wieder nach Hause gefahren, als ich gekommen bin.« Sie traf eine Entscheidung: »Ich werde Theologie studieren, um zu wissen, was das mit dem Glauben auf sich hat.« Mit Förderung des Bistums Rottenburg-Stuttgart studierte sie in Freiburg im Breisgau. Ihr Ziel war, an der Schule neben der Hauswirtschaft auch Religion zu unterrichten.

Der Weg, den sie nun eingeschlagen hatte, führte noch nicht in eine Ordensgemeinschaft. Doch es gab immer wieder Wegstationen und Hinweise, die eine Entscheidung vorbereiteten. Ein Flyer von Ordensgemeinschaften in der Diözese München und Freising war es, der eine neue Weichenstellung brachte. Auch der Karmel im oberbayerischen Dachau hatte eingeladen. »Ich hatte noch nie etwas von Karmel und Dachau gehört. Aber irgendwie bin ich da hängengeblieben. Ich dachte, ich fahre da mal hin. Mal sehen, was das ist. Und dann könnte ich vielleicht in der Schule etwas Positives sagen.«

Es sind gute und schöne Erfahrungen, die sie macht. Aber es fällt keine Entscheidung. Vielmehr baut sich eine innere Spannung auf zwischen Flucht und Faszination. Weitere Besuche in Dachau schließen sich an. Sogar mal zwei Wochen in den Sommerferien. »Innerhalb dieser zwei Wochen ist ganz viel passiert. Ich habe mich dagegen gewehrt und gemerkt, ich komme dagegen nicht an. Da ist irgendetwas, und ich werde das jetzt einfach mal versuchen. Und am Ende dieser zwei Wochen in Dachau habe ich gesagt: ›Ich werde kommen.‹ Ich werde alles absagen, in der Schule kündigen und zu Hause sagen: ›Ich gehe ins Kloster.‹«

Im Karmel Dachau wird sie Schwester Mirjam

1978 ist Mirjam Fuchs in den »Karmel Heilig Blut Dachau« eingetreten und »Schwester« Mirjam geworden, zunächst als Novizin. Damit, so sagt sie, sei keineswegs alles klar gewesen und glatt gegangen. Schon nach ihrer Entscheidung war da großes Unverständnis bei der Familie und den Freundinnen und Freunden: »Da ging der Sturm los. Du bist verrückt. Da passt du nicht hin. Ein froher Mensch wie du hält es da nicht aus. Da wirst du nur verkorkst. Kein einziger hat gesagt: ›Ach wie schön. Probiere es doch mal.‹ Alle haben dagegen gesprochen.« Für sie selbst waren die zwei Jahre bis zur ersten Profess auch »ein Kampf«. Aber: »Im Gehen des Weges habe ich gemerkt: Es passt, und es ist gut.« Es sei, so sagt sie, die Erkenntnis gewachsen, in diesem Leben mit Gott für die Menschen da sein zu können. »Auf ganz andere Weise. Nicht ganz konkret mit jungen Menschen in der Schule oder in der Gemeinde, sondern im Gebet.« Es sei auch ein neues und vertrautes Verhältnis zu denen gewachsen, die zunächst ablehnend gewesen sind.

Der Karmel Heilig Blut liegt am Rande des ehemaligen Konzentrationslagers Dachau, das jetzt eine Gedenkstätte ist. Ein Ort mit ganz starker Prägung: »Wenn man aus dem Zellenfenster schaute, schaute man auf das Lager. Aber ich muss gestehen, der Ort Dachau hat nicht die Rolle gespielt, sondern der Karmel. Es war die Zeit des Noviziats, des Reinwachsens in die Karmelspiritualität. Was meint Teresa von Ávila mit der ›Freundschaft mit Gott‹? Das Einlassen auf diese enge Lebensform mit der Klausur. Das hat alle Kraft gebunden. Ich hatte nicht viel Kraft, mich mit Dachau als Gedenkort zu befassen.«

Ein wichtiges Element der karmelitischen Spiritualität ist das Gebet. »Gebet ist das Dasein mit

Jesus, dem Freund, dem man alles sagen kann. Dem man alles anvertrauen kann. Im Wissen, dass er uns hört. Daraus ergibt sich auch das Dasein für andere, die Fürbitte. Das war für mich der Schlüssel, weil ich vorher auch immer für Menschen und mit Menschen da sein wollte. Jetzt konnte ich es in dieser Lebensform auch. Nicht weniger, sondern vielleicht sogar mehr.«

Punktlandung einer Berufung: Plötzensee

Das Jahr 1982 brachte einen Umzug. Der Karmel in Dachau wurde eingeladen, ein neues Kloster in Berlin zu gründen. Kardinal Alfred Bengsch wollte die Gedenkkirche Maria Regina Martyrum in Berlin Charlottenburg-Nord mit einer kontemplativen Ordensgemeinschaft verbinden. Sr. Mirjam gehörte zu der Gruppe von Schwestern, die unter der Leitung von Sr. Gemma Hinricher nach Berlin gegangen sind. Es war für sie wie eine Punktlandung in ihrer Berufung: »Es ist die Nähe von Plötzensee. Es ist etwas Verwandtes zu Dachau. Es ist die Stadt, die wir wollten. Es ist nicht ein Kloster zwischen Wald und Wiesen. Ich kam hierher, der erste Schritt auf den Feierhof, und ich wusste: Das ist der Ort. Ich habe mich ganz anders mit diesem Ort auseinandergesetzt als mit Dachau. In Dachau waren es die Opfer, an die erinnert wurde. Hier ist Widerstand das Thema. Die Menschen sind bewusst in den Tod gegangen. Heute denke ich, es gibt im Karmel eine Berufung für einen bestimmten Ort. Und das war für mich Berlin – Maria Regina Martyrum.«

Dieser Ort, angebunden an den geschichtsbeladenen Ort in der Nähe, Plötzensee, sei eine Herausforderung: »Er birgt ein Geheimnis. Das erlebe ich, wenn wir Gottesdienst feiern, am Werktag in der Krypta oder am Sonntag mit der großen Gottesdienstgemeinde in der Oberkirche oder wenn ich Einzelne und Gruppen begleite.« Hier sind dann auch wieder die jungen Menschen, mit denen Sr. Mirjam in der Schule hätte arbeiten wollen. »Ich erlebe, wie sie die Botschaft dieses Ortes verstehen, sie ahnen das Unverstehbare, das die Kunst anschaulich macht. Sie begegnen hier Vergangenem, auch dann, wenn es keine Zeitzeugen mehr gibt – und sie begegnen gleichzeitig Gegenwärtigem. Mahnende Erinnerung kann zur wachen Verantwortung werden. So stärkt dieser Ort.«

Als Schwestern nach Berlin kamen, um den Karmel Regina Martyrum zu gründen, konnten sie nicht sofort in ein fertiges Kloster einziehen. Es musste erst gebaut werden. Auch viele Vorbehalte bei den Menschen mussten noch ausgeräumt werden. Nach zwei Jahren wurde 1984 das neue Kloster eingeweiht und bildet nun mit der Gedenkkirche Maria Regina Martyrum ein Gesamtensemble.

Die Alltäglichkeiten des Klosterlebens

Das Klosterleben hat seine Alltäglichkeiten. Dazu gehört die Liturgie als ein Schwerpunkt der Spiritualität. Dazu kommen die Führung von Gruppen und auch die geistliche Begleitung von Menschen. Für Sr. Mirjam gehören zu den Alltäglichkeiten der Klosterladen und die Kerzenwerkstatt, die eine wirtschaftliche Grundlage des Klosters sind. »Das mit den Kerzen ist gewachsen. In Dachau wurde ich noch zwei Wochen in die Kerzenwerkstatt geschickt mit dem Auftrag: ›Das machst du dann in Berlin.‹ Und so habe ich damit angefangen. Zunächst in dem Stil von Dachau. Ich hatte meine Handschrift noch nicht gefunden. Das hat noch Zeit gebraucht. Dann habe ich bei einer Behindertenwerkstatt diese Kerzen mit Bienenwachs entdeckt. Die haben eine schöne Elfenbeinstruktur und eine Maserung. Die Verzierung ist immer weniger geworden. So habe ich in der Reduktion meinen Stil gefunden – wenig und sparsam verziert.«

»Die Gedenkkirche ist für mich ein Hoffnungsort.«

Zwei Aspekte, so sagt sie, hätten es ihr von Anfang an leicht gemacht in Berlin anzukommen: die Architektur der Gedenkkirche Maria Regina Martyrum und die Ökumene. »In meinem Heimatbistum Rottenburg-Stuttgart haben wir für die Ökumene geworben und gekämpft. Es war nichts möglich. Und nun kam ich hierher, und die ersten, die uns begegnet sind, waren die Nachbarn von der evangelischen Gedenkkirche Plötzensee, die ja gleich nebenan steht. Es war Ökumene vom ersten Tag an. Eine ganz andere Welt tat sich da auf.«

So habe der evangelische Nachbarpfarrer Bringfried Naumann vor 40 Jahren das monatliche »Ökumenische Friedensgebet« von seiner Kirche in die

Krypta der Gedenkkirche verlegt, um den Ordensfrauen die Teilnahme zu ermöglichen. Wegen der Klausur hätten sie sonst nicht teilnehmen können. Sr. Mirjam spielte beim Gestalten des geschwisterlichen Miteinanders von Anfang an eine aktive Rolle, beispielsweise bei der Gründung des Ökumenischen Gedenkzentrums Plötzensee 2008. Damit ist unweit der Gedenkstätte Plötzensee und in Nachbarschaft zur katholischen Gedenkkirche im evangelischen Gemeindezentrum ein Ort das Erinnerns, Lernens und Betens entstanden.

Die Gedenkkirche – ein Raum der Hoffnung

Die Architektur der Kirche Maria Regina Martyrum ist für Sr. Mirjam eine Botschaft, die sie auch immer den Menschen erschließt, die die Gedenkkirche besuchen: »Unsere Kirche bietet einen Raum an jenseits von Erwartetem. Oft ist der Besucher zuerst einmal sprachlos, und ich teile diese Sprachlosigkeit immer wieder neu angesichts des Ortes mit allem, was seine Architektur und Kunst vermitteln.«

Die Begegnung mit dem Ort beschränkt sich bei vielen nicht nur auf das Wahrnehmen der Kunst und der Architektur. »Er hilft mir und vielen, die hierher kommen, den Verheißungen Gottes heute zu trauen. Es ist für mich ein Hoffnungsort. Trotz aller Dunkelheit, wenn man den Feierhof betritt, diese dunkle Zone. Es kommt der helle Baukörper in diese dunkle Zone hinein. Diese Spannung von Hell und Dunkel, von Leben und Tod löst sich auf in dem großen Altargemälde von Georg Meistermann in der Oberkirche. Es lädt mich ein, Gottes Verheißung zu trauen. Hier geschieht der Durchbruch, und es wird Hoffnung greifbar in der Verheißung: Es geht weiter nach allem Tod, nach Vernichtung, nach all dem Schrecklichen. Gott will das Leben für die Menschen, und es gibt ein Danach und ein Dahinter. Das ist es, was mich so fasziniert.«

Berlin, das Kloster, die Gedenkkirche – ein Ort der Berufung: »Für mich ist diese Kirche, neben der ich leben darf – mit der ich lebe –, immer mehr zu meinem Ort der Spiritualität, der Stille, des Gebets, des Gedenkens und Erinnerns geworden. Ein Ort lebendiger Ökumene, die auf die Ökumene der Märtyrer von Plötzensee aufbaut. Unsere Gedenkkirche ist ein Ort der Begegnung für viele: Christen und Nichtchristen, für Glaubende und Nichtglaubende, für Menschen aus verschiedenen Kulturen, für Kunstinteressierte und Geschichtskundige, für Junge und Alte.«

Lutz Nehk

Lutz Nehk

Ich gehöre zum Jahrgang 1957. Bin in Berlin-Südende und in der Pfarrei St. Johannes Evangelist aufgewachsen. War BDKJ-Diözesanpräses, für die kirchlichen Medien tätig und Pfarrer an der Liebfrauenschule. Seit 2004 darf ich als Priester an der Gedenkkirche Maria Regina Martyrum mitarbeiten. Dafür bin ich dankbar. Das passt auch gut zu meiner jetzigen Tätigkeit als Beauftragter für Erinnerungskultur und Gedenkstättenarbeit.

»Ökumene ist alternativlos«

Bischof **Emmanuel von Christoupolis**
ist einer der profiliertesten Theologen der Orthodoxie und leidenschaftlich ökumenisch engagiert

»Ich bin ein Ruhrpott-Kind«, sagt er von sich. Seine Eltern waren selbst noch Kinder, als sie mit ihren Eltern in den 1960er Jahren, wie so viele im Zuge der Anwerbung von Gastarbeitern aus Griechenland, nach Deutschland kamen. In Griechenland haben sie geheiratet, und kurz nach Weihnachten erblickte im Januar 1977 der Ioannis Sfiatkos, so der bürgerliche Name von Bischof Emmanuel von Christoupolis, das Licht der Welt. Von Anfang an war der Kleine in beiden Kulturen zu Hause: »Ich denke Griechisch und spreche Deutsch und andersrum.«

»Berlin ist nicht gottloser oder gläubiger als Köln oder München. Auch in Berlin kann ich Gott an jeder Ecke der Stadt begegnen.«

Seine Eltern betrieben eine Trinkhalle in Duisburg, ein öffentlicher Ort der Begegnung, so viel mehr als nur ein Ort, um Getränke zu kaufen. Und er immer mittendrin, gemeinsam mit seiner jüngeren Schwester. Die Nähe zu den anderen, Sympathie und Verständnis für Menschen jeglicher Herkunft konnte er dort schon früh einüben. Seine gewinnende und unprätentiöse Art, auf Menschen zuzugehen, hat sich Bischof Emmanuel bis heute bewahrt. Er ist ein Brückenbauer zwischen den Kulturen, den Konfessionen, den Religionen. Er versteht die Menschen auch, weil er ihre Sprache spricht: Deutsch und Griechisch sowieso, Englisch fließend, Französisch und ein bisschen Türkisch und Japanisch. Das möchte er gerne noch besser lernen, denn er ist ein bisschen stolz auf zwei Gemeindemitglieder, die aus Japan kommen: »Ich habe es kaum geglaubt: Sie sind dort orthodox sozialisiert worden!« Bunt und vielfältig, wie Berlin im Großen, ist auch seine Gemeinde: Schon seit langem kommen nicht mehr alle Gemeindemitglieder aus Griechenland oder sind Nachkommen griechischer Gastarbeiter. Und sie sind ein fester Teil der gleichfalls vielfältigen Berliner Ökumene.

»Ich zeige, dass ich Christ bin«

Die griechisch-orthodoxe Gemeinde mit ihrem Bischof versteckt sich nicht in ihrer Steglitzer Kirche. Die traditionelle Wasserweihe am 6. Januar ist ein fester Termin. Nicht nur im Kirchenjahr, zuletzt stand der Bundespräsident mit an der Spree. Und zum Andreaskonzert am 30. November kommt nicht nur der innere Kreis der Gemeinde. Als orthodoxer Geistlicher ist Bischof Emmanuel nicht zu übersehen und gut zu erkennen: »Mir ist es wichtig zu zeigen, dass ich Christ bin. Ich verstecke mich nicht.« Schlechte Erfahrungen oder gar Zurückweisungen hat er noch nicht gemacht. »Berlin ist nicht gottloser oder gläubiger als Köln oder München. Auch in Berlin kann ich Gott an jeder Ecke der Stadt begegnen.« Wenn er erkannt wird, kommen Menschen auf ihn zu und fragen, woran und warum er denn glaube. »Oft haben sich daraus kontroverse, aber auch bewegende Gespräche entwickelt. Manche Menschen besuchen später unserer Gemeinde, kommen zum Beispiel in den Gottesdienst.«

Seine freundliche und zugewandte Art hat sich rumgesprochen. »Ich bin jeden Sonntag gespannt, wie viele neue Gesichter ich wahrnehmen werde. Immer wieder kommen Menschen zu mir, die sagen: ›Hallo, wir sind gerade nach Berlin gekommen.‹ Früher waren es die Gastarbeiter, vor ein paar Jahren die Krisenflüchtlinge. Jetzt sind es viele junge Menschen, gebildet und neugierig auf die Welt.

Und der Gottesdienstbesuch ist mit 250 bis 300 Besucherinnen und Besuchern sehr erfreulich.« Dies gilt auch in vielen anderen Gemeinden der Griechisch-Orthodoxen Metropolie von Deutschland. »Als Bischof bereise ich das ganze Land und merke, dass auch in anderen Gemeinden die Kirche am

Sonntag voll ist und viele junge Leute am Gottesdienst teilnehmen. Das ist für uns ein Zeichen, dass es weitergeht und dass unsere Arbeit, unser Dienst nicht vergebens ist.«

Geprägt von den lebendigen Traditionen in der Familie

Doch zurück zu den Anfängen. Wie kommt man eigentlich auf die Idee, griechisch-orthodoxer Priester zu werden? Geprägt hat ihn seine Familie, die ihn in eine lebendige Tradition eingeführt hat: »Vor großen Kirchenfesten haben wir schon als Kinder mit unseren Müttern und Großmüttern immer in der Kirche übernachtet. Zum Beispiel haben wir in der Nacht von Gründonnerstag auf Karfreitag Jesus durch die Nacht begleitet, wir haben am Kreuz bei ihm gewacht. Das habe ich immer als etwas ganz Besonderes, Prägendes wahrgenommen.«

Mit sechs Jahren ist Ioannis bereits Altardiener, und mit neun Jahren steht er in seiner Duisburger Heimatgemeinde, die in der Krypta einer katholischen Kirche ihre Gottesdienste feiert, zum ersten Mal am Sängerpult. Angeleitet wird er von einem Kantor aus Konstantinopel, besonders geprägt hat ihn aber auch ein Onkel, der orthodoxer Priester ist. Durch ihn lernt er Metropolit Augoustinos Labardakis kennen, schon damals der Vorsteher der Griechisch-Orthodoxen Metropolie von Deutschland und Exarch von Zentraleuropa. Der Onkel hat den Metropoliten bei Gottesdiensten begleitet, und im Schlepptau ist stets der kleine Ioannis. »Ich kenne den Metropoliten seit ich ein kleines Kind war, seit mehr als 40 Jahren. Und er kennt mich. Diese Bekanntschaft prägt mich schon mein ganzes Leben.« Die Verbindung zum Metropoliten hat sich durch seine Berufung vertieft. Er hat Emmanuel – so lautet der neue Name nach der Einkleidung als Mönch – zum Diakon, zum Priester und am 11. Juli 2020 in »seiner« Kirche Christi Himmelfahrt in Berlin-Steglitz zum Bischof geweiht. »Dass der Metropolit mir alle drei Weihen gespendet hat, ist ein großer Segen für mich. Er ist für mich wie ein zweiter Vater.«

Ohne ökumenische Berührungsängste

Eine weitere wichtige Person für ihn ist Erzpriester Radu Constantin Miron, seit mehr als 30 Jahren sein Geistlicher Vater. »Mit ihm berate ich mich immer gerne, und ich bitte immer noch um seinen Ratschlag, in geistlichen Dingen, aber auch bei kniffligen Fällen.« Erzpriester Miron ist derzeit der Vorsitzende der Arbeitsgemeinschaft Christlicher Kirchen (ACK) in Deutschland. Das Engagement in der Ökumene verbindet die beiden – und den Autor. Sechs Jahre, von 2015 bis 2021, war Bischof Emmanuel Vorsitzender des Ökumenischen Rates Berlin-Brandenburg (ÖRBB), im Vorstand des ÖRBB ist er noch immer engagiert. Ein Höhepunkt seiner Amtszeit ist das Berliner Fest der Kirchen 2018 auf dem Alexanderplatz. Als beim Schluss-Segen Franziska Grohmann von der Hillsong-Gemeinde und Bischof Emmanuel auf der Bühne stehen – orthodoxer Priester trifft freikirchliche Charismatikerin – entsteht nicht nur ein buntes Bild, sondern ist ökumenische Vielfalt zu spüren: Es gibt mehr, was uns als Christen verbindet, als was uns trennt. Bischof Emmanuel kennt keine ökumenischen Berührungsängste und bleibt doch gleichzeitig einer der profiliertesten theologischen Vertreter der Orthodoxie mit ihrem liturgischen und Traditions-Reichtum. Auch im politischen Berlin ist er kein Unbekannter: Seit 2010 ist er Beauftragter der Orthodoxen Bischofskonferenz in Deutschland (OBKD) am Sitz der Bundesregierung.

Raus aus den eigenen »Blasen«

Ökumene ist für ihn nicht nur Pflicht, sondern Kür. Und keinesfalls eine Häresie. »Gott den Menschen in dieser Stadt, die auch ein bisschen zweifeln, näher zu bringen und ihnen zu helfen, Gott zu verstehen und zu erfahren, das können wir nur gemeinsam. Dass wir gemeinsam beten, uns gemeinsam einsetzen und einstehen für Frieden, für die Bewahrung der Schöpfung, für die verfolgten Christen in dieser Welt, das ist für mich alternativlos. Wären wir alle gefangen in unseren eigenen Blasen, wäre das ein

großer Verlust.« Wir können viel voneinander lernen, ist Bischof Emmanuel überzeugt.

Und trotzdem gilt auch: »Wir müssen Geduld miteinander haben.« Denn manches geht noch nicht zusammen. »Es wird immer kontroverse Themen geben. Es wird immer wieder die Frage aufkommen: Warum ist keine Abendmahlsgemeinschaft möglich? Wir Orthodoxen sind in dieser Frage eher rigoros. Wir sagen, wenn wir zu einer Gemeinschaft gefunden haben, dann ist der gemeinsame Kelch das Element, das diese Einheit krönen wird. Also für uns ist die Abendmahlsgemeinschaft nicht der Weg, für uns ist sie das Ziel.« Und auf dem Weg zu diesem Ziel hat gerade die Orthodoxie schon ihren Beitrag geleistet, wie Bischof Emmanuel selbstbewusst feststellt: »Ich gehe soweit zu sagen: Wir Orthodoxen haben der Ökumene auf dem zweiten Ökumenischen Kirchentag 2010 in München ein großartiges Zeichen geschenkt, die Artoklasia, die Feier des Brotbrechens. Ein Zeichen, das sagt: Wir verharren nicht auf unserer Position, sondern kommen einen Schritt auf euch zu.« Mit dieser Gesinnung folgt er auch dem Beispiel seiner Kirche, des Ökumenischen Patriarchats, und dem ökumenischen Engagement des Ökumenischen Patriarchen Bartholomaios, sowie Metropolit Augoustinos von Deutschland.

»Für uns Orthodoxe ist die Abendmahlsgemeinschaft nicht der Weg, für uns ist sie das Ziel.«

Gemeinsame Schritte gehen – für Bischof Emmanuel ist das auch beim Religionsunterricht möglich. Konfessionell-kooperativer Religionsunterricht ist in Berlin und einigen anderen Bundesländern zwischen Evangelischer und Katholischer Kirche schon möglich geworden. Bischof Emmanuel sieht die Orthodoxe Kirche als einen weiteren Partner, der bei diesem Anliegen unbedingt einbezogen werden sollte: »Das ist für uns alle eine große Chance, Schülerinnen und Schüler schon in der Grundschule neugierig auf die Ökumene zu machen.«

Ökumene im Sinne von: der ganze Erdkreis

Auffallend ist der starke nationale Bezug orthodoxer Kirchen: Griechisch-, Serbisch- oder Russisch-Orthodoxe, die Liste ließe sich weiterführen. Umso erstaunlicher, dass ein gebürtiger Deutscher griechischer Bischof werden konnte. Bischof Emmanuel widerspricht: »Der Name Ökumenisches Patriarchat ist für uns Programm!« Also Ökumene im Sinn von: der ganze Erdkreis. Er verweist auf die letzten Bischofswahlen des ökumenischen Patriarchats, bei denen ein guter Freund von ihm aus Kolumbien zum Bischof geweiht wurde: »Wir sind weltweit eine Orthodoxe Kirche. Mittlerweile hat die Orthodoxie auch ein lateinamerikanisches Gesicht.« Denn Bischof Timotheus von Asus hat indigene Wurzeln. »Wir schauen nicht auf die Nationalität, sondern auf das Zeugnis, das wir mit unserem ganzen Leben geben. Dafür setzt sich auch die Orthodoxe Bischofskonferenz in Deutschland ein durch ihr Zeugnis und ihren Dienst für die knapp vier Millionen in Deutschland lebenden Christinnen und Christen.«

Politisch weder polarisieren noch stigmatisieren

Zeugnis geben, einstehen für christliche Werte – bedeutet das auch, politisch Position zu beziehen? Bischof Emmanuel wägt ab: »Ich finde es wichtig, dass Menschen sich als politisch engagierte Wesen äußern und einsetzen. Wenn aber Kirche zu politisch wird, dann habe ich die Befürchtung, dass sie ihr Ziel aus den Augen verliert. Die Kirche ist angehalten zur Neutralität, und das ist auch meine Ausgangsposition. Ich möchte neutral bleiben, soweit ich kann, und vermitteln, wenn die Chance dazu besteht.« Aber kann man neutral bleiben angesichts eines aufflammenden Rechtsradikalismus? Bischof Emmanuel bleibt differenziert, unterscheidet zwischen Mensch und Position: »Es gibt Momente, da die Kirche ihre Neutralität bewahren muss, und es gibt Momente und Situationen, da die Kirche aufbegehren kann und klare Worte sprechen muss! Das ist immer wichtig. Natürlich ist die momentane Situation eine große Herausforderung für uns alle, nicht nur für die Gesellschaft, auch für die Kirchen, und wir sollten dort unbedingt Stellung beziehen. Wir sollten aber versuchen, das in einer Art und Weise zu tun, die nicht polarisiert, die nicht stigmatisiert. Wir sollten klar sagen, dass unser Menschenbild solches Gedankengut und eine solche Ideologie nicht zulässt. Doch wir sollten das in einer Art und Weise tun, die die anderen mitnimmt, die den Dialog und die Versöhnung zur Voraussetzung macht, um weiterzukommen. Ich tue mich schwer, wenn ich immer wieder höre, wir können nicht alle mitnehmen. Wir sollten versuchen, so viele wie möglich mitzunehmen!«

Gott »Danke« sagen für jeden Atemzug

Das Leben, es schließt auch Grenzsituationen mit ein. Bischof Emmanuel hat das am eigenen Leib erfahren: 2021 erkrankte er sehr schwer an Corona und verbrachte Tage auf der Intensivstation. »Als ich das alles im Krankenhaus durchgemacht habe, habe ich verstanden, wie wertvoll das Leben ist und wie wichtig es ist, Gott ›Danke‹ zu sagen für jeden Tag und jeden Atemzug, den wir tun. Diese Krankheit hat mich sehr viel Demut gelehrt, sehr viel Geduld, sehr viel Respekt für Menschen, die am Bett derjenigen standen, die krank waren, zu denen ich auch gehörte. Diese Erfahrung gab mir die Möglichkeit, Menschen, die das durchgemacht haben, besser zu verstehen.«

Leid und Krankheit sind Belastungen, die Menschen an ihre Grenzen bringen. Auch einen Bischof. Grenzerfahrungen, die andererseits den Glauben stärken können. »Ich weiß immer noch nicht, warum und wie ich gesund geworden bin. Aber ich glaube daran, dass es ein Wunder war und dass es allein auf Gott zurückzuführen ist.« Es sei das einschneidendste Erlebnis seines bisherigen Lebens gewesen, resümiert Bischof Emmanuel, voller Dankbarkeit für die Ärzte und Krankenschwestern, deren Einsatz und Dienst ihm das Leben gerettet haben, und für alle, die für ihn gebetet haben.

Seitdem versucht Bischof Emmanuel, besser auf sich aufzupassen und sich Auszeiten zu gönnen. Er feiert jeden Gottesdienst voller Dankbarkeit, er genießt jede Begegnung, ob es alte Freunde sind oder neue Bekannte, nimmt sich Zeit für Spaziergänge oder geht schwimmen. »Am liebsten natürlich im Meer in Griechenland!«

Weihbischof Dr. Matthias Heinrich

Weihbischof Dr. Matthias Heinrich

ist der unmittelbare römisch-katholische Kollege zu Bischof Emmanuel. Die beiden pflegen eine langjährige Freundschaft und kollegiale Verbundenheit, nicht erst seit der gemeinsamen Zeit im Ökumenischen Rat Berlin-Brandenburg (ÖRBB). Nachdem Bischof Emmanuel Weihbischof Heinrich im Band 3 porträtiert hatte, »revanchiert« sich nun der Weihbischof.

Mit dem Ohr bei den Menschen und den Füßen auf dem Boden

Er sieht, wo jemanden der Schuh drückt oder wo die Not aus Scham versteckt wird, und handelt. 37 Jahre war **Rolf Göpel** *für den Caritasverband im Erzbistum Berlin tätig*

Rolf Göpel hat freundliche, wache Augen und einen festen Händedruck. Er strahlt die Wärme, Herzlichkeit und Energie eines Menschen aus, der das Leben kennt, seine Mitmenschen mag und aufgeht in dem, was er tut.

37 Jahre hat er für die Caritas gearbeitet, zuletzt als Geschäftsführer der Caritas Familien- und Jugendhilfe sowie Vorstand für Innovation und Fachpolitik. »Das Thema Familie zieht sich wie ein roter Faden durch alles, was ich beruflich gemacht habe«, sagt er. »Dabei bin ich sehr tolerant dafür, wie die Menschen jeweils Familie verstehen. Ich habe viele Familienbilder im Kopf.«

Er selbst ist seit mehr als vierzig Jahren verheiratet. Gemeinsam mit seiner Frau hat er sechs Kinder in einer Familienwohngruppe betreut, die aus unterschiedlichen Gründen nicht mit ihren leiblichen Eltern aufwachsen konnten. Gemeinsam lebten sie war es wichtig, die Menschen in den Blick zu nehmen, denen es nicht gut geht, und Themen aufzugreifen, die manchmal schwierig und unbequem sind«, erzählt er. Ihm gefiel schon immer das Motto der Caritas: »Not sehen und handeln«. Man müsse mit wachen Augen durch die Welt gehen, sagt er, und gucken, wo der Schuh drückt: »Es gibt viel verdeckte Scham, wenn Menschen in Not sind. Sie zeigen das oft nicht. Man muss sensibel sein, um diese Nöte aufzuspüren.«

Genau hinschauen und zuhören. Das konnte Rolf Göpel schon immer gut. »Das Ohr bei den Menschen und die Füße auf dem Boden«, danach möchte er leben. Die Bodenständigkeit hat er vom Niederrhein mitgebracht, wo er 1957 geboren wurde. Mit 29 kam er nach Berlin. Der studierte Theologe und Pädagoge dockte bald bei der Caritas an. Er leitete bei der Familien- und Jugendhilfe eine Einrichtung

»Mir war es wichtig, die Menschen in den Blick zu nehmen, denen es nicht gut geht, und Themen aufzugreifen, die manchmal schwierig und unbequem sind.«

ein neues pädagogisches Modell im Haus Conradshöhe in Berlin, einer Einrichtung des Sozialdienstes Katholischer Frauen. Das war Mitte der 1980er Jahre, und die Gesellschaft umwehte immer noch eine Aufbruchstimmung, die in den 1960er Jahren begonnen hatte. Viele wollten anders leben, als sie es aus ihrer Herkunftsfamilie kannten. Es war die Hochzeit der Wohngemeinschaften. Die Zahl der Patchwork-Familien wuchs.

Rolf Göpel interessierte sich jedoch nicht für das, was »angesagt« war. Das ist bis heute so. Das hippe, trendige, glamouröse Berlin ist nicht seine Welt. »Mir für Menschen mit geistiger Behinderung. Von dort wechselte er zum Stadtverband Caritas auf die Leitungsebene, arbeitete in der offenen Sozialarbeit und kam schließlich in den Vorstand. »Ich bin dankbar für die intensive Zeit bei der Caritas«, sagt er. »Ich habe so viel erlebt, ich kenne Höhen und Tiefen.«

Herzensthemen Kinderhospizdienst und »U25«

Wir sitzen in der Teeküche des Caritas-Kinderhospiz-Zentrums LEO, das Ende 2022 eröffnet wurde. »Es war mir wichtig, dass wir hier etwas schaffen für

Familien, die mit Sterben und Trauer zu tun haben«, sagt Rolf Göpel nachdenklich. »Ich habe mich immer gern um Familien gekümmert, die es in ihrem Leben schwer hatten.« Siebzig Familien werden derzeit vom Kinderhospizdienst betreut, den es seit 15 Jahren gibt. Vier Mitarbeitende in Vollzeit und rund fünfzig Ehrenamtliche sind hier im Einsatz. »Das ist Schwerstarbeit und gleichzeitig auch eine zutiefst erfüllende Arbeit«, sagt Rolf Göpel. »Man braucht viele Menschen, um eine Familie in diesen Krisenzeiten zu stützen und zu stärken.«

Ein anderes Herzensthema war für den ehemaligen Caritas-Vorstand die Suizidprävention von Kindern und Jugendlichen. Er holte das Projekt U25 nach Berlin. Bei U25 engagieren sich ehrenamtliche Unter-25-Jährige für Kinder und Jugendliche, die mit Depressionen und Suizidgedanken kämpfen. Niedrigschwellig und unkompliziert per E-Mail. Manche dieser Ehrenamtlichen waren selbst in schwierigen Situationen und existentiellen Krisen. Dass sie nun anderen helfen, stärke ihr Selbstbewusstsein und mache sie zu empathischen Ratgeberinnen und Ratgebern. »Das tut so gut, wenn man sieht, wie sich die U25-Jährigen als Peers engagieren«, berichtet Rolf Göpel. »Es ist so segens- und hilfreich.«

Der ehemalige Caritas-Mann initiierte auch die Fachstelle für Suizidprävention, um noch schneller und effizienter helfen zu können. Ihm sei klar geworden, dass junge Leute nicht in eine Beratungsstelle gehen. Deshalb müsse man andere Angebote für sie entwickeln. Seinem Team erklärte er: »Wir haben viele engagierte junge Menschen in Berlin, Brandenburg und Mecklenburg-Vorpommern, lasst uns deren Potential nutzen.« Er selbst habe eine ehrenamtliche Peer aus Rathenow kennengelernt. »Sie ist nach dem Unterricht nach Berlin-Mitte gefahren, um die Ausbildung zur U25-Beraterin zu machen. Mit 16 Jahren. Das hat mich schwer beeindruckt.« Leute wie sie würden die Gesellschaft ein Stück weit in Bewegung bringen und zum Besseren verändern. Das mache ihm Hoffnung und Mut für die Zukunft.

Karitatives Handeln bei knappen Kassen

Er ist dankbar für die vielen Mitarbeiterinnen und Mitarbeiter der Caritas und stolz auf sie, die die Projekte und Dienste tagtäglich fachlich kompetent und mit viel Herz und Verstand umsetzen – auch in schwierigen Zeiten, erklärt Rolf Göpel. Er befürchtet, dass es für die Caritas in den nächsten Jahren schwieriger wird, »weil die finanziellen Mittel im sozialen Bereich immer knapper werden«. Es werde eine Herausforderung für die karitative Arbeit sein, auf soziale Projekte aufmerksam zu machen, für sie zu werben und fachlich unterschiedliche Angebote noch intensiver miteinander zu verknüpfen.

Gelungen sei dies bereits beim Stromsparcheck für einkommensschwache Haushalte: ein Win-win-Projekt. Es gehe ums Energiesparen und um den Klimaschutz, aber auch um eine sinnvolle Tätigkeit für Langzeitarbeitslose, die sich auf diese Weise wieder an den ersten Arbeitsmarkt herantrauen. »Ich sage immer: Seit es dieses Projekt in Berlin gibt, ist die Luft hier etwas besser geworden«, sagt er und schmunzelt.

»Ich bin stolz drauf, dass ich immer Weggefährten gefunden habe, die meine innovativen Ideen mitgetragen haben.«

Rolf Göpel ist überzeugt: Solche Projekte werden in Zukunft immer mehr gesucht, genauso wie Menschen, die sich engagieren. »Ich bin stolz drauf, dass ich immer Weggefährten gefunden habe, die meine innovativen Ideen mitgetragen haben«, sagt er lachend und ergänzt mit ernstem Gesicht: »Ich musste die Projekte im Verband häufig ›durchkämpfen‹, es gab viel Skepsis, man musste überzeugend und durchsetzungsfähig sein. Das konnte ich nicht alleine, sondern ich hatte immer Leute, die gesagt haben: Wow, das ist eine tolle Idee, wir unterstützen dich, wir machen das mit, wir probieren das aus.«

Rolf Göpel hat ein gutes Gespür für gesellschaftliche Themen, etwa die Klimakrise, die besonders jungen Menschen Sorgen bereitet. Die Pandemie, Kriege und Krisen machen vielen zu schaffen. Ängste und Depressionen steigen, wie Umfragen bestätigen.

Der Mensch hat nicht alles in der Hand – zum Glück

Rolf Göpel hat in seinem Leben viel Not und Hilflosigkeit gesehen und Situationen erlebt, »wo man sprachlos ist, wo man ohnmächtig ist, wo man nichts mehr machen kann, nicht weiterweiß«. Ihm sei immer wieder klar geworden, dass man als Mensch nun eben nicht alles in der Hand habe. »Zum Glück«, sagt er, »sonst würde man größenwahnsinnig.« Demut habe ihm geholfen, diese Ohnmacht auszuhalten. Und sein Gottvertrauen. Er ist in einer christlichen Familie aufgewachsen und habe erfahren: »Gott ist da, wenn man ihn braucht.« Deshalb sucht er auch gerne Kirchen auf. Dort findet er Ruhe, hängt seinen Gedanken nach und betet.

Manchmal frage er dann den Pfarrer, ob er in der Kirche mit seiner Handpan spielen darf, ein Instrument, das es erst seit einigen Jahren gibt: eine umgedrehte Steel Drum. Rolf Göpel schlägt ein paar lässige, jazzige Rhythmen an.

Wenn er in Kirchen spielt, komme er ins Gespräch mit Menschen und erfahre, was sie beschäftigt und

ihnen Sorgen macht. »Das geht ja manchmal auch mit kleinen Bordmitteln, zum Beispiel dem Reden und Zuhören«, erzählt er. Und das ist es, was er sich auch von der Katholischen Kirche wünscht: dass sie wieder mehr Menschen erreiche, ihnen neue, hilfreiche und niedrigschwellige Angebote mache. »Da ist noch Luft nach oben«, meint Rolf Göpel. »Die Caritas versucht das ja ständig. Wir sind nah bei den Menschen, wir haben Werte, können viel umsetzen, aber wir brauchen auch Kirchengemeinden, die sich nicht nur um sich selbst drehen, sondern auf Offenheit und Vielfalt setzen, auch im Gottesdienst.« Dafür brauche es noch mehr Bewusstsein bei den Verantwortlichen. Es gehe darum, eine Brücke zu den Menschen zu bauen. »Wir haben eine tolle Botschaft als Kirche. Wir nutzen sie nur zu wenig.«

Zeit für Familie, Freunde und die Berliner Jazz-Szene

Rolf Göpel beendete im vergangenen Jahr die Arbeit in der Caritas. Er ging in den Ruhestand mit tiefer Dankbarkeit für die Arbeit, die er leisten konnte, für die vielen Menschen, die ihn begleitet und unterstützt haben: »Wenn ich zurückblicke, ist es ein Geschenk Gottes, so ein Leben geführt zu haben, das zu tun, was ich wollte. Ich hatte kaum Einschränkungen. Besser geht's nicht.«

Nun will er sich endlich mehr Zeit für Familie und Freunde nehmen, die oft zu kurz gekommen waren. Gemeinsam mit seiner Frau ist er in gutem Kontakt zu den ehemaligen Pflegekindern und deren Familien. Und sehr stolz darauf, wie sie ihren Weg in ihrem Leben gefunden haben.

Außerdem hatten Rolf Göpel und seine Frau vor Jahren die Vormundschaft für ein deutsches Kind in Ghana übernommen. Der Junge sei inzwischen erwachsen, habe seinen Bachelorabschluss gemacht und möchte nun nach Deutschland kommen. »Wahrscheinlich zieht er bei uns ein, dann geht's wieder rund«, sagt Rolf Göpel. Neben der Familie will er sich Zeit nehmen für Kultur, für Museen und Konzerte. Als Jazzfan interessiert ihn die Berliner Szene besonders. Gelegentlich werde er auch bei der Caritas vorbeischauen und sich auf einen Kaffee mit ehemaligen Mitstreitern verabreden. Rolf Göpel kann auf ein spannendes Berufsleben zurückblicken. »Ich habe hier sehr gerne gearbeitet und Herausforderungen angenommen«, sagt er. »Und ich hatte immer das Gefühl, am richtigen Ort zu sein.«

Carmen Gräf

Carmen Gräf

arbeitet als freie Journalistin, Autorin und Produzentin in Berlin unter anderem für den rbb (Radio und Fernsehen) sowie für andere ARD-Sender. Sie interessiert sich für Menschen und ihre Geschichten, für politische und soziale Themen, bildende Kunst, Film, für Überraschungen, Widersprüche und Konflikte in aktuellen Diskursen. Aber auch Visionäres, Kurioses und Eigenwilliges haben es ihr angetan.

Zwischen Löwen und Elefanten

Beate Danlowski *hat Tag für Tag mit sterbenskranken Kindern und Jugendlichen zu tun. Sie leitet den Berliner Kinder- und Jugendhospizdienst LEO der Caritas*

Ein kleiner Mensch, der eigentlich das ganze Leben noch vor sich hat, stirbt. Das passiert auf unserer Erde alle viereinhalb Sekunden – und doch ist allein die Vorstellung davon so schwer erträglich, dass viele zurückschrecken, wenn es ihren Nachbarn oder Bekannten widerfährt. Beate Danlowski hat Tag für Tag mit sterbenskranken Kindern und Jugendlichen zu tun sowie mit deren Eltern und Geschwistern, die sie bis zum Tod begleiten und danach um sie trauern. Sich um Kinder mit verkürzter Lebenserwartung zu kümmern, ist ihr Beruf. Seit zwölf Jahren leitet Beate Danlowski den Kinder- und Jugendhospizdienst der Caritas in Berlin.

Auch sie war anfangs zurückgeschreckt, als ihr damaliger Chef, Rolf Göpel, ihr vorschlug, den bisherigen Job in einem Kinderschutzprojekt hinter sich zu lassen und den Hospizdienst aufzubauen. »Vor diesem Thema Angst zu haben, ist menschlich«, findet sie. Sie steckte gerade in beruflichen und privaten Krisen, als die Anfrage kam, und stieg erst einmal versuchsweise ein, für ein halbes Jahr.

»Schwerkranke Kinder gibt es, ob ich weggucke oder nicht«, ist Beate Danlowski in ihrer »Probezeit« bewusst geworden. Sie hat erlebt, dass Familien ihr Vertrauen schenken. Als Mutter zweier Kinder konnte sie mit den Müttern fühlen, die unter Zukunftsängsten litten, Pflege und Familienleben organisierten und dabei oft über die Grenzen ihrer Kräfte gingen. »Wenn es mir morgen genauso ginge, wünschte ich mir, dass jemand da wäre und nicht wegguckt und geht«, sagt sie und fügt nachdenklich hinzu: »Als Menschen sitzen wir doch alle im gleichen Boot.«

Ihre Arbeit erlebt sie keinesfalls nur als schwer und traurig. Viele Erlebnisse rühren sie an, stimmen sie dankbar. Im Kinderschutzprojekt hatte sie mit

Opfern von Gewalt zu tun. Mitzubekommen, was Eltern ihren Kindern alles antun, fand sie oft bedrückend. Die Kinder, die sie über den Hospizdienst kennenlernt, erzählt Beate Danlowski, erleben dagegen viel Gutes und Helles. »Sie sind von einem Netz aus Liebe umspannt.« Zusammen mit ihrem Team möchte sie dieses Netz stärken und erweitern. Das 2022 eröffnete Kinderhospizdienst-Zentrum im Berliner Stadtteil Alt-Lietzow ist ein Ort, an dem Angehörige sowie haupt- und ehrenamtliche Helfer Stärkung erfahren sollen. Es ist Anlaufstelle und Treffpunkt, Fortbildungs- und Rückzugsort.

Die besten Gespräche finden in der Küche statt

Beate Danlowski hat jahrelang dafür gekämpft, dass ein solcher Ort entsteht und dass er mehr bietet als die Beratungszentren-Standardausstattung mit Gesprächs-, Gruppen- und Büroräumen. Herzstück des Zentrums ist die gemütliche Küche mit einem robusten Holztisch und einer langen Bank voller bunter Kissen zum Einkuscheln. »Die besten Gespräche finden doch auch zu Hause meist in der Küche statt«, sagt sie. Heimelige Rückzugsecken bietet auch der gegenüberliegende Gruppenraum. Hier finden unter anderem Treffen für trauernde Jugendliche statt, für schwerkranke Kinder oder für deren Geschwister. Im Familienalltag kommen Geschwister mit ihren Bedürfnissen oft zu kurz, denn Eltern widmen einen großen Teil ihrer Kraft und Aufmerksamkeit dem Sorgenkind.

Wenn es Kindern schlecht geht, verlieren sie darüber oft nicht viele Worte. In einem Kreativraum mit bemalbaren Wänden finden sie Farben und inspirierendes Bastelmaterial, um mit ihren Händen auszudrücken, wofür sie keine Worte finden. Die meiste Überzeugungskraft kostete es Beate Danlowski, einen Ruhe- und Gebetsraum einzurichten. »Heute sind alle froh, dass wir den haben«, berichtet sie. Eltern, Geschwister und Mitarbeiter nutzen ihn, um innezuhalten. »Pausen einzulegen ist ganz wichtig, wenn man einen solchen Dienst tut«, ist ihr bewusst. »Wenn einer in diesen Raum geht und die Tür hinter sich zumacht, wissen alle: Ihm reicht es gerade, er möchte allein sein.«

Löwenkinder und Löwenmütter

Erhält Beate Danlowski die Nachricht, dass ein Kind gestorben ist, unterbricht sie ihre Arbeit und zieht sich hier zum Gebet zurück, egal wie viel gerade zu tun ist. Das ist für sie auch eine Frage der Wertschätzung für das Kind, dessen Leben gerade zu Ende ging. Schon an der Eingangstür streckt dem Besucher aus dem großen »O« des Hospiznamens LEO ein Löwe seine Pfoten entgegen, in anderen Räumen findet man Löwen als Kissen, Kuscheltiere oder auf einer Kinderzeichnung mit einer Mähne aus leuchtenden Sonnenstrahlen. Das Löwenmaskottchen und den Namen Leo hat Beate Danlowski für das Hospizzentrum wegen des sprichwörtlichen Mutes und der Stärke ausgewählt, die man der eindrucksvollen Großkatze gemeinhin zuschreibt.

»Eine große Aufgabe für uns Hospizmitarbeiter ist es, in dieser Gesellschaft deutlich zu machen, was Menschen leisten, die scheinbar nichts mehr leisten.«

Dabei dachte sie weniger an die Kraft, die sie selbst aufwenden muss, um gute Arbeitsbedingungen für den Kinderhospizdienst zu schaffen und zu erhalten. Sie hatte dabei, sagt sie, die Kinder vor Augen, die ihre Krankheit ertragen und damit Großartiges leisten – Kinder wie Leonie, die heute 17 Jahre alt ist und die sie seit nunmehr elf Jahren begleitet. »Eine große Aufgabe für uns Hospizmitarbeiter ist es, in dieser Gesellschaft deutlich zu machen, was Menschen leisten, die scheinbar nichts mehr leisten«, sagt die Caritas-Mitarbeiterin mit leiser, aber umso eindringlicherer Stimme. Mut und innere Stärke nimmt sie auch bei den Müttern wahr, die rund um die Uhr ihre Kinder pflegen. In den meisten Familien, die der Hospizdienst betreut, seien die Partnerschaften an den großen Herausforderungen zerbrochen. Die Mütter blieben allein mit den Kindern zurück, entwickelten sich häufig zu »Löwenmüttern«, die gegen viele Widerstände für ihre Kinder kämpfen. »Uns sieht ja keiner«, hat eine Mutter ihr einmal gesagt, »ich gehe ja auch seit Jahren nicht mehr raus.« Für Beate Danlowski ganz persönlich

ist LEO auch ein Symbol für eine Stärke, die von woanders herkommt. Sie ist überzeugt: von Gott.

Für die Löwenmütter und ihre Kinder geht Beate Danlowski gern an die Öffentlichkeit, auch wenn das ihrem Naturell eigentlich eher fern ist. Sie ist ständig auf der Suche nach Sponsoren, zumal die Krankenkassen die Kinderhospizdienste nicht über den Tod des Kindes hinaus finanzieren, auch wenn die Angehörigen dann oft noch sehr lange Unterstützung brauchen. Auch ehrenamtliche Helfer kann es kaum genug geben. Sie entlasten derzeit rund 70 Berliner Familien zum Beispiel dadurch, dass sie mit Geschwisterkindern Hausaufgaben machen oder sie zum Sport bringen. In Ausbildungskursen werden sie gründlich auf ihren Einsatz vorbereitet.

Sterbenskranke Kinder wissen intuitiv, wie es um sie steht

»Ich selbst lerne immer noch dazu«, erzählt die LEO-Chefin. Zu den kostbaren Erkenntnissen im Hospizdienst gehört für sie, welche Kraft von Kindern ausgeht. »Sie leben immer im Augenblick, genießen, spielen, haben Spaß, schenken Vertrauen«, beobachtet sie. Gerade kleine Kinder hätten oft eine sehr direkte Verbindung zu ihrem Körper. Sie haderten nicht mit ihrem Schicksal, wüssten aber intuitiv, wie krank sie sind. Eine Fünfjährige habe zum Beispiel in einer Pizzeria einmal den Kellner gebeten, ihren Apfelsaft aus einem Weinglas zu servieren. »Weingläser sind für Erwachsene«, wies der sie zurück. »Ich werde gar nicht so alt werden, dass ich aus einem Weinglas trinken darf«, entgegnete das Kind. Von der Mutter hatte die Tochter vorher nicht gehört, wie es um sie steht. Sie hatte den Hospizmitarbeitern sogar eingeschärft, dass sie das auf keinen Fall erfahren solle.

»Kommst du immer noch zu uns nach Hause, wenn ich nicht mehr hier bin? Kümmerst du dich dann um meine Mutter?«, hat ein anderes Kind Beate Danlowski gefragt. »An solche Gespräche musste ich mich erst gewöhnen«, erinnert sie sich. Die Endlichkeit des Lebens selbst offen anzusprechen, habe sie ebenfalls lernen müssen. Zum Beispiel, als sie erstmals mit einer Mutter einen Notfallplan erstellt: Wie soll es sein am Ende des Lebens Ihres Kindes? Soll ein Seelsorger kommen? Diese Mutter wünschte sich, dass nur die vertrauten Hospizmitarbeiter dabei wären.

Viele Familien erleben auch, dass Freunde sich im Laufe der Zeit von ihnen abwenden. Auch solche Erfahrungen spricht die Begleiterin inzwischen offen an. »Ich bin eine Art Hebamme umgekehrt«, sagt sie. Dadurch entstehe eine große Nähe, für die sie dankbar ist. Viele Eltern hielten sich lange an der Hoffnung fest, dass ihr Kind doch noch gesund würde. Bis kurz vor dem Tod sprächen sie nicht über das mögliche Ende. Kinder wollten dabei ihre Eltern schonen – und umgekehrt. »Wir machen ihnen behutsam klar: Die letzte Lebenszeit ist wichtig. Ihr solltet sie gut gestalten.«

Assistierter Suizid: »Kannst du mir was besorgen?«

Jugendliche gehen weniger unbefangen mit ihrer Situation um als kleine Kinder. Oft begleitet das Hospizteam sie durch schwere Sinnkrisen. Der Arzt habe ihrer 17-Jährigen Tochter gesagt, dass sie doch noch einige Monate länger leben könnte als er bisher eingeschätzt hat, teilte eine Mutter kürzlich mit. Alle in der Verwandtschaft freuten sich darüber – nur das Mädchen selbst nicht. Die Frage »Wer bin ich eigentlich?«, beschäftige auch gesunde Gleichaltrige, für die kranken sei die Verunsicherung jedoch größer.

»Ich bin eine Art Hebamme, nur umgekehrt.«

Gerade in letzter Zeit bewege viele Jugendliche das Thema assistierter Suizid. »Kannst du mir was besorgen? Das darf man doch jetzt ...« wurde Beate Danlowski öfter gefragt. »Damit müssen wir sehr sensibel umgehen«, betont sie. Häufig, so nimmt sie es wahr, komme der Suizidwunsch aus dem Gedanken, dass der Wert des Menschen sich an Leistung oder Gesundheit messe. Ihr selbst habe sich die Frage nie gestellt, ob das Leben eines schwerkranken Menschen noch lebenswert sei. Für sie sei jedes menschliche Leben gleich wertvoll.

Ihr Glaube ist für sie ein Fundament, das sie auch durch schwierige Zeiten trägt. Sie stellt sich Gott als liebevollen, geduldigen Zuhörer vor: »Ich kann mich jederzeit an ihn wenden und empfinde dabei Geborgenheit.« Auch der Glaube an die Auferstehung bedeutet ihr viel. Im Hospizdienst begleitet sie Familien aus allen Kulturen und Religionen. Sie hat großen Respekt vor ihnen und ihren Überzeugungen. Wenn Kinder oder Eltern von sich aus religiöse Themen ansprechen, geht sie darauf ein, vermeidet dabei aber, ihre eigene Sicht aufzudrängen. »Wo ist mein Bruder?«, fragte zum Beispiel ein Junge bei einem Philosophie-Nachmittag für verwaiste Geschwister. »Was stellst du dir denn vor?«, fragte sie zurück und bekam zur Antwort: »Da, wo er jetzt ist, sind ne Menge Engel, glaube ich.« Ein anderer Junge rief sie nachts an, weil er sich große Sorgen machte, dass es seiner verstorbenen Mutter nicht gut gehe, »weil böse Menschen bei ihr sind«. Beate Danlowski wollte ihm nichts versprechen, wovon sie nicht selbst felsenfest überzeugt wäre. Sie denke nicht, dass er sich Sorgen machen müsse, sagte sie ihm. Und als er nachfragte, ob sie sich sicher sei, nach einem Moment des Zögerns »ziemlich sicher«.

Die Kunst des Abschiednehmens

Manchmal hilft sie Familien, Abschieds- und Trauerrituale zu finden, die für sie stimmig sind: Jahrestage zu begehen etwa sei für viele wohltuend. Auf starke Rituale, wie sie die heute 64-Jährige in ihrem westfälischen Heimatdorf miterlebte, kann in Berlin heute kaum einer mehr zurückgreifen. Sie erinnert sich noch gut an den Abschied von ihrem Großvater, den sie als Vier- oder Fünfjährige miterlebte. Es war ein strenger Winter, und der Großvater war 36 Stunden lang im kühl gehaltenen Wohnzimmer aufgebahrt, umgeben von Kerzen. Die Dorfbewohner kamen, sich zu verabschieden. Die Glocken läuteten, und es war traurig, ihren Vater bitterlich weinen zu sehen. Sie weiß auch noch, dass sich die Kinder einen kleinen Nervenkitzel erlaubten: Wer traut sich, kurz einen Zipfel von Großvaters Leichenhemd hochzuheben, wenn kein Erwachsener hinguckt?

Schwer auszuhalten ist es für Beate Danlowski, wenn gläubige Menschen in ihrem Schmerz den Glauben verlieren – so wie die Mutter, deren Kind mit fünf Jahren schwer erkrankte. Der heute Zehnjährige verlernt nach und nach alles, was er als Fünfjähriger konnte. Er ist blind, bettlägerig, kann nicht mehr von sich aus atmen. Falls jemand bei der Beatmung einen Fehler macht, wird er ersticken. »Erklär mir, warum Gott mir das Liebste nimmt, was ich habe«, sagte ihr die Mutter. Die Begleiterin hat keine Antwort, sie hört zu, bleibt da. Sie hat bei anderen Familien auch schon erlebt, dass Bitterkeit nach einiger Zeit der Dankbarkeit gewichen ist. Eltern wurde bewusst, wie viel Unterstützung sie in ihrer schweren Zeit erfahren haben und wie schön die letzten Momente waren, die sie mit ihrem Kind verbringen konnten.

Wenn ein Kind stirbt, das sie viele Jahre begleitet hat, gerät auch die Fachfrau an ihre Grenzen. »Es ist halt nicht wie ein Job beim Finanzamt«, sagt sie. Oft leidet sie mit den Familien mit, obwohl sie weiß, dass es sie selbst verletzlich macht und niemandem hilft. Dann nimmt sie sich ein paar Tage Auszeit. Kraft schöpft sie in der Natur, bei Yoga oder Musik. Manchmal zieht sie sich auch in ein Kloster zurück, zu den Karmeliten nach Birkenwerder oder nach Südfrankreich. In ihrem Büro lässt sie ihren Blick gerne von Zeit zu Zeit auf einem großen gerahmten Foto einer kenianischen Elefantenherde ruhen. Sie fühlt sich diesen hochsensiblen Tieren sehr verbunden. »Die kümmern sich umeinander, sie trauern ähnlich wie Menschen«, weiß sie. »Und sie decken ihre toten Kinder mit Blättern zu.«

Dorothee Wanzek

Dorothee Wanzek

Diese Augenblicke liebe ich am meisten: wenn meine Gesprächspartner mir anvertrauen, was sie im Innersten bewegt, wo sie sich von Gott berühren ließen. Ich staune immer wieder, wie einzigartig Gott jede und jeden geschaffen hat, wie einfallsreich und sanft er uns leitet, unsere Erfüllung zu finden. Ich gehöre schon seit 30 Jahren zur Redaktion des Tag des Herrn. *Doch von solchen Begegnungen kann ich wohl nie genug bekommen.*

»Wir haben immer alles geteilt – das Gute und das Ungute«

Mehr als 30 Jahre lang wirkten **Gabriela** *und* **Wolfgang Walbrecht** *als Hausmeisterehepaar im Erzbischöflichen Ordinariat*

Ganz so streng wie der Türhüter bei Franz Kafka war sie dann doch nicht. In seiner Parabel vom Gesetz versucht ein Mann, Eintritt zu erlangen. Aber der Türhüter sagt nur: Jetzt nicht! Du musst noch warten! Der Mann wartet Tage und Jahre, dass ihm der Türhüter Einlass gewährt, sein ganzes Leben lang. Am Ende muss er unverrichteter Dinge abziehen.

Gabriela Walbrecht hat alle reingelassen, aber mit aufmerksamem Blick. Und sie hat auch allen beim Wiederverlassen hinterhergeblickt. Mehrere Tausend mögen es gewesen sein, die sie nach mehr als 30 Jahren Dienst in der Pforte des Erzbischöflichen Ordinariats hat rein- und rausgehen sehen. Manche kamen und gingen mit fröhlichem Hallo, andere mit ernsten oder sogar bangen Blicken, schildert die 62-Jährige, die seit 1992 zusammen mit ihrem Mann Wolfgang als Hausmeister in den Diensten des Erzbistums Berlin stand.

Mit einem kleinen Fiat und nur einem Koffer in den Westen

Wie das Ehepaar Walbrecht überhaupt nach Berlin kam, ist eine spannende Geschichte. Als gebürtige Schlesier gehörten sie zu den letzten, die noch vor dem Mauerfall aus Polen ausreisen durften. Wolfgang und Gabriela waren seit 1980 verheiratet und wohnten in Groß Döbern bei Oppeln. Sie arbeitete als Laborantin im Veterinäramt, er als Kfz-Schlosser. Angehörige der Familien waren bereits in der Bundesrepublik. Das junge Paar Walbrecht beschloss, ihnen zu folgen. Weil aber die auf Dauer angelegte Ausreise aus Polen nicht so einfach war, mussten sie einige Ausweistricks anwenden und getrennt als Touristen ausreisen. So verließen sie ihre Heimat quasi als Flüchtlinge und fühlten sich auch so. Mit einem kleinen Fiat und nur einem Koffer kamen sie in den Westen. Zuhause blieb ein voller Kühlschrank zurück. Das war aber das kleinste Problem. Viel mehr schmerzte, dass sie auch ihren geliebten Schäferhund zurücklassen mussten. Ein Nachbar kümmerte sich um ihn.

So wurde Berlin zu ihrer neuen Heimat. Im Charlottenburger Norden fanden sie Wohnung, im Pfarrgebiet von Maria Regina Martyrum. »Das war ein großer Glücksfall«, sagt Gabriela Walbrecht im Rückblick. »Wir fanden eine tolle Pfarrgemeinde vor, mit Kolping, KAB und anderen kirchlichen Gruppen, in denen auch Zugezogene willkommen waren.« Sie fand alsbald eine Arbeit in der Gemeinde, er arbeitete als Kfz-Schlosser. Zwei Kinder kamen in diesen Jahren zur Welt. Sie gingen hier zur Kommunion, waren Ministranten, wurden hier gefirmt. Die Gemeinde, und besonders die Schwestern vom Karmel Regina Martyrum, sind bis heute in allerbester Erinnerung.

Als Anfang der 1990er Jahre ein Hausmeisterehepaar für das Ordinariat in der Charlottenburger Wundtstraße gesucht wurde, bewarben sie sich mit Erfolg und entschlossen sich für einen Wechsel in die dortige Dienstwohnung. Gabriela organisierte den Pfortendienst. Ihr dienstlicher Auftrag lautete, »fröhlich und freundlich« zu sein. Wolfgang wurde Hausmeister mit »erweitertem Geschäftsbereich«. Den muss man sich so vorstellen, dass er irgendwie alles machte, was im Maschinenraum des Verwaltungsgebäudes so anfiel. Neben kleineren und größeren Reparaturen ging es um Besorgungen oder Bewirtungen und bisweilen auch um Chauffeurdienste für die höhere Geistlichkeit des Hauses. »Ich habe Bischöfe und Prälaten gefahren, Blumen besorgt, Kaffee gekocht und vieles andere gemacht, was in der Bischofsetage so anfiel«, beschreibt er mit Schmunzeln seinen Alltag. »Und das hat mir immer viel Spaß gemacht«, fügt er hinzu.

Nur einmal wurde seine gute Laune auf die Probe gestellt: als der damalige Ministerpräsident von Brandenburg, Manfred Stolpe, mit großem Gefolge zu Beratungen bei Kardinal Georg Sterzinsky im Haus war. Stolpes Sicherheitsbeamte nahmen es ein wenig zu genau und riegelten das ganze Haus ab. Keiner konnte unerlaubt rein oder raus. Selbst Hausmeister Walbrecht musste erst mit ihnen diskutieren, bevor er seine Wohnung betreten konnte.

»Ich habe Bischöfe und Prälaten gefahren, Blumen besorgt, Kaffee gekocht und vieles andere gemacht, was in der Bischofsetage so anfiel.«

Es ging immer auch um eine Willkommenskultur

Zum Pfortendienst gehört natürlich mehr als nur Besucher rein- und rauslassen. Es ging immer auch um eine Willkommenskultur. Der Anspruch war, erzählt Gabriela Walbrecht, den Gästen des Hauses einen der bischöflichen Behörde angemessenen seriösen Eindruck zu vermitteln, durch Freundlichkeit und Hilfsbereitschaft. Bittsteller, die nur zum Schnorren kamen, komplimentierte sie freundlich, aber entschieden nach draußen. »Mit den Jahren bekommt man da Routine«, sagt sie heute. Nur einmal musste sie wegen eines aufdringlichen Zeitgenossen den Notrufknopf unter ihrem Tisch betätigen, der einen Alarm bei verschiedenen Kolleginnen und Kollegen im Haus auslöste.

Wichtiger als die Türschleuse war aber der telefonische Erstkontakt, der häufig über ihr Pforten-Telefon lief. Hier galt es, Anrufer mit den unterschiedlichsten Bedürfnissen zufriedenzustellen: »Ich musste alles wissen«, sagt sie in bestimmtem Ton, »wer im Haus ist und wer nicht.« Nicht um zu kontrollieren, sondern um Anrufern schnell weiterhelfen zu können. »Mir war es immer unangenehm zu sagen: Ich weiß es nicht.«

Manche Anrufer erwiesen sich freilich als schwierige Fälle. Das Spektrum reichte von aggressiven Kirchenfeinden über besorgte Kirchensteuerzahler bis hin zu Verzweifelten, die einfach »mit jemandem von der Kirche reden« wollten. Gabriela Walbrecht versuchte, zornige Beschimpfungen »gegen die da oben« abzupuffern oder die Anrufer an zuständige Kolleginnen und Kollegen weiterzuleiten. Sie hatte eigens eine Liste mit den Telefonnummern von

Beratungsstellen in Reichweite. Wenn alles nicht weiterhalf, musste sie auch schon mal selbst zuhören und Ratschläge geben, um Mut zu machen.

Nachts lief in der Druckerei der Kopierer heiß

Als 1996 die Vorbereitung des Papstbesuchs in Berlin anstand, fielen für Hausmeister Walbrecht Überstunden an. Er erinnert sich an diverse Sondereinsätze zwischen dem Ordinariat in der Wundtstraße und dem Olympiastadion. Nächtens lief in der Druckerei der Kopierer heiß, um sicherzustellen, dass die vielen Programme rechtzeitig fertig wurden. Zu den schönen Erfahrungen dagegen zählt, dass Wolfgang Walbrechts Polnischkenntnisse in dieser Zeit besonders gefragt waren. Immer wieder konnte er aushelfen mit Übersetzungen oder Telefonaten, was so manchen Kontakt ins Nachbarland erleichterte. Auch im Hörfunkstudio der Rundfunkarbeit war sein Sprachtalent gefragt, wenn es darum ging, polnische Interviewpartner zu übersetzen.

Als Anfang der 2000er Jahre der Umzug des Erzbischöflichen Ordinariats in die Niederwallstraße und damit in die Nähe der St. Hedwigs-Kathedrale sowie des Bernhard-Lichtenberg-Hauses anstand, kamen neue Herausforderungen auf das Hausmeisterehepaar zu. Die frühere Krankenheilanstalt der Grauen Schwestern war zwar repräsentativ und zentrumsnah. Sie erwies sich jedoch von Anfang an als Problemimmobilie, für eine Verwaltung nicht unbedingt geeignet. Im Keller, wo Wolfgang Walbrecht seine Werkstatt einrichten wollte, waren die Wände feucht, teilweise stand Wasser auf dem Boden. Die Aufzüge waren störanfällig; Regale und Schränke mussten hier ein- und dort wieder ausgebaut werden.

Viel Arbeit für einen Hausmeister, der weiß, wo im Haus die Leitungen laufen, wo man gefahrlos in die Wände bohren kann und wie man eine havarierte Toilettenspülung wieder zum Laufen bringt. Er erinnert sich an ständige Umzüge innerhalb des Hauses, an improvisierte Schilder und nicht enden wollende Probleme mit den automatischen Feuerschutztüren, die nur schwer mit den Vorschriften des Denkmalschutzes in Übereinstimmung zu bringen waren. Mehrfach wurde der telefonische Feueralarm ausgelöst, in der Regel fälschlich, aber dafür nachts, was einen Hausmeister natürlich um die Bettruhe bringt. Einmal brannte es wirklich im Serverraum unter dem Dach, und ein Feuerwehreinsatz wurde nötig. Der Schwelbrand konnte glücklicherweise schnell und ohne großen Schaden gelöscht werden.

Während Wolfgang Walbrecht im Haus nach dem Rechten sah, versuchte seine Frau, in der neuen Pforte in der Niederwallstraße mit den Tücken der

Haustür und der Wechselsprechanlage klarzukommen. »Die Pfortensituation war eigentlich all die Jahre nicht zufriedenstellend. Erst in jüngster Zeit hat sie sich durch einen Umbau etwas gebessert.«

Dunkle Wolken über dem Arbeitsleben

Nur einmal senkten sich dunkle Wolken über ihr Arbeitsleben. Das war, als Anfang der 2000er Jahre mit der Insolvenz des Erzbistums über Kündigungen nicht nur gesprochen wurde, sondern etliche Kolleginnen und Kollegen ihre angestammten Arbeitsplätze aufgeben mussten. Auch Gabriela Walbrecht stand auf der Liste möglicher Kündigungen, ein Umstand, der verständlicherweise zu großer Unruhe führte. Die drohende Freistellung konnte zwar abgewendet werden. Aber es blieb eine Verunsicherung – und auch Enttäuschung darüber, dass es im kirchlichen Dienst möglich war, dass Vorgesetzte und Kollegen, mit denen man über viele Jahre zusammengearbeitet hat, einem in der Krise »die kalte Schulter« zeigten. Immerhin bekam sie als einzige Mitarbeiterin des Hauses eine Art »Sondergenehmigung«, um draußen vor der Tür ab und zu eine Zigarette zu rauchen. Selbstverständlich immer in Sichtweite der Pfortentür.

Nach mehr als 30 Jahren im Dienst als Hausmeisterehepaar sind die Walbrechts im Ruhestand angekommen. Sie verbringen viel Zeit in ihrem Häuschen an der polnischen Seite der Ostsee. Lange gemeinsame Spaziergänge am Strand stehen auf dem Programm. Er schwärmt vom Bernstein, den es da zu finden gibt, von den Steinpilzen am Waldessaum und der besten Fischbude weit und breit. Sie freut sich über viel Zeit für ausgedehnte Fahrradtouren in der Umgebung.

Seit 44 Jahren sind die Walbrechts ein Ehepaar. Wenn man fragt, wie die beiden über die vielen Jahre hinweg so gut miteinander kooperiert haben, muss Gabriele Walbrecht nicht lange nachdenken: »Wichtig war, dass Arbeit und Zuhause strikt getrennt sind. Zuhause haben wir nie über dienstliche Belange gesprochen.« Und Wolfgang Walbrecht ergänzt: »Wir waren immer zusammen und haben alles geteilt, gute und ungute Erlebnisse. Das hat uns zusammengehalten.«

Joachim Opahle

Joachim Opahle

war als Journalist und Redakteur fast 40 Jahre mit kirchlicher Medienarbeit befasst. Zuerst im Südwestrundfunk, dann in der Öffentlichkeitsarbeit des Erzbistums Bamberg, zuletzt als langjähriger Rundfunkbeauftragter im Erzbistum Berlin. In dieser Funktion begegnete er den Walbrechts nahezu jeden Tag. Jetzt, kurz vor dem Ruhestand wurde ihm bewusst, wie kostbar auch scheinbar alltägliche kleine Begegnungen im Beruf sind.

Jung, katholisch, engagiert

Julia Schneider *arbeitet im Vorstand von Jugendverbänden, liebt Polen und geht Herausforderungen selten aus dem Weg*

Seit 14 Jahren engagiert sie sich in katholischen Jugendverbänden, aber in einer katholischen Kirche sieht man Julia Schneider selten. »Ich glaube, in Berlin war ich erst einmal im Rahmen meines Ehrenamts in einem Gottesdienst«, sagt sie, »und meine Heimatgemeinde kenne ich gar nicht.« Für unser Gespräch hat die Studentin dann auch einen weltlichen Ort vorgeschlagen: das kleine Neuköllner »Il Kino«, ein gemütliches Café mit angeschlossenem Lichtspielsaal im Hinterzimmer. Es ist ein kleines

cineastisches Paradies, das auch viele Filme aus Polen und Osteuropa zeigt. Julia Schneider sitzt vor einem Glas Tee mit Ingwer und frischer Minze. »Dieses Kino ist einer meiner absoluten Berliner Lieblingsorte«, schwärmt die 24-Jährige.

Für ihr Studium ist sie vor fünf Jahren von Hessen nach Berlin-Mitte gezogen. An der Humboldt-Universität hat sie gerade ihren Bachelor in Sozialwissenschaften und Slawistik gemacht und beginnt demnächst ihren Master in Osteuropastudien. »Das Fach ist so exotisch, dass mich jeder fragt, was zum Teufel ich da eigentlich mache«, sagt sie und lacht. Es wirkt nicht so, als würde sie das stören. Im Gegenteil, sie sieht sich darin bestätigt: »Durch den russischen Angriffskrieg auf die Ukraine sind die Ukraine und das Thema Osteuropa plötzlich in aller Munde. Menschen haben plötzlich angefangen, sich für dieses Land zu interessieren, das vorher wirklich niemanden interessiert hat. Baltische oder polnische Stimmen werden gehört und haben in manchen Bereichen eine Vorreiterrolle in Europa bekommen.«

Kino, junges Engagement und die Liebe zum Osten Europas: hier im »Il Kino« vereinen sich drei Themen, die auch ihr Leben bestimmen. »Filme sind meine absolute Leidenschaft, genauso wie der Fokus auf Osteuropa – ich bin ein ›Polen-Ultra‹. Ich liebe Polen aus ganzem Herzen«, sagt sie.

Das Erbe der Mutter

Und das hat auch mit ihrer eigenen Geschichte zu tun. Einer Geschichte, die selbst aus einem Film stammen könnte. »Meine Mutter war Polin, und ich habe polnische Großeltern«, erklärt sie. Als sie vier Jahre alt ist, erkrankt ihre Mutter schwer an Krebs. Die Eltern haben sich nach der Geburt getrennt, der Vater lebt zu der Zeit in Russland. »Das Verhältnis meiner Eltern war nicht so gut, deshalb war es keine Option, zu meinem Vater zu ziehen«, sagt Julia Schneider. Im Angesicht ihres Todes sucht die Mutter deshalb eine neue Familie für ihre Tochter. »Wir waren immer zu zweit«, sagt sie, »sie wusste, dass sie todkrank war und hat sich darum gekümmert, dass ich in einer anderen Familie aufwachse.«

Die Mutter ist Wirtschaftsprüferin, hat in Polen Wirtschaft studiert, und als sie in den 1980er Jahren nach Deutschland kam, in Frankfurt am Main. Ihr ausländischer Abschluss wurde hier nicht anerkannt. »Meine Mutter hat dann vor ihrem Tod alles geregelt und eine Familie gefunden, der sie vertraute. Die mich aufnahm und selbst schon zwei Kinder hatte.« Ihre neue Familie zieht damals sogar zu ihr in ihren Wohnort, damit sie nicht die Schule wechseln muss.

Julia Schneider sitzt am Tisch und erzählt gefasst, fast ehrfürchtig von dieser Zeit, die sie weniger aus eigener Erinnerung als aus den Erzählungen ihrer Adoptivfamilie kennt, wie sie anmerkt. Doch die Dankbarkeit für diese Tat bleibt prägend für ihr weiteres Leben und legt damit auch den Grundstein für ihren Glauben. »Alles, was meine Mutter gemacht hat, um mir meinen Lebensweg zu ermöglichen, das trage ich auf jeden Fall in meinem Herzen«, sagt sie. Das Kuscheltier – ein kleiner Tiger aus Plüsch – das ihre Mutter ihr kurz vor ihrem Tod schenkte, ist bis heute an Julias Seite.

»Ich kann mich noch an den Todestag meiner Mutter erinnern«, sagt Julia Schneider. Sie hat damals schon bei ihrer Adoptivfamilie gelebt, hat ihre Mutter regelmäßig in einem Hospiz in Frankfurt besucht. »Wir waren sie auch an dem Tag besuchen, an dem sie gestorben ist«, erinnert sie sich. »Es war ein Geschenk, dass ich das miterleben durfte und ein ganz wichtiger Moment für meinen Glauben. Für mich war es ihre Willenskraft, so lange auszuhalten, bis ich wiederkomme, damit wir uns verabschieden konnten. Vielleicht war es ihr Wille oder es war Gott, der mir da als Kind geholfen hat.«

Auch die Verbindung zur Kirche gibt ihre Mutter ihr als Erbe mit auf den Weg. »Als gebürtige Polin wurde meine Mutter katholisch getauft«, erzählt Julia Schneider. »Doch aufgrund schlechter Erfahrungen hatte sie ein eher distanziertes Verhältnis zur Kirche.« Ihr Kind ließ sie deshalb erst spät und angesichts ihrer Krankheit taufen. »Ich war damals schon vier«, erzählt sie. »Und frage mich, ob meine Mutter in dem Moment, als sie quasi dem Tod entgegengeblickt hat, zu ihrem Glauben zurückgefunden hat. Vielleicht hat ihr das auch Kraft gegeben, diese Zeit durchzustehen.«

Katholisch im Verband

Sie lässt sich firmen, geht auf katholische Freizeiten. »Das war anfangs aber totaler Zufall«, erinnert sie sich. »Da kamen welche zu uns in die fünfte Klasse und haben Flyer verteilt. Darauf stand: ›Die Tage werden länger, die Röcke werden kürzer, es ist Zeit fürs Zeltlager.‹ So ging das los.« Später engagierte sie sich mit Freundinnen in Kirchengruppen und dem Katholischen Schülerinnen- und Schülerverband KSJ. »Ich bin da ganz klassisch reingewachsen«, sagt sie, nicht der Glaube stand im Vordergrund, sondern das soziale Miteinander. »Der Verband war für mich ein wichtiger Teil meiner Jugend. Er hat mir ermöglicht, wichtige Erfahrungen zu machen, als Jugendliche Verantwortung zu bekommen. Da bin ich drin aufgegangen.« Sie organisiert Zeltlager für 60 Kinder, die Eltern vertrauen ihr und den anderen Beteiligten. »Das war eine prägende Zeit, und ich bin dankbar, dass die Kirche uns das ermöglicht hat.«

»Es braucht eine kritische Auseinandersetzung mit dem Priesteramt und ein kritisches Hinterfragen des Zölibats.«

Gottesdienste und Kirchenbesuche gehören schon damals nicht zu den Schwerpunkten ihres Lebens. »Natürlich haben wir im Zeltlager mal eine kleine Andacht gehabt, wenn der Pfarrer vorbeikam, und ein paar Lieder gesungen, das war es dann aber auch«, sagt sie. Ihr Engagement im KSJ setzt sie auch nach ihrem Umzug nach Berlin im Alter von 19 Jahren fort, landet schnell im Vorstand. »Wenn Not am Mann ist, dann bin ich die Frau dafür«, sagt sie.

Gleichzeitig findet sie eine neue Aufgabe im kirchlichen Umfeld. Als Ehrenamtliche im Ludwig-Wolker-Verein verbindet sie zwei ihrer Leidenschaften: das Engagement für junge Menschen und das Thema Osteuropa. Der Verein organisiert internationale Jugendbegegnungen in verschiedenen Ländern. Gerade erst war sie in Danzig, hat dort ein Treffen zwischen ukrainischen, deutschen und polnischen Jugendlichen organisiert. »Unsere Zielgruppe sind junge Menschen, die Lust haben, Menschen aus dem Ausland und andere Länder kennenzulernen«, sagt sie.

Liebevoller Blick nach Osteuropa

Osteuropa ist das Thema, das sie bewegt. Mit 14 fällt dem Teenager mit polnischen Wurzeln das erste Mal auf, dass es in Deutschland wenig Interesse und Wertschätzung für die östlichen Nachbarn und den postsowjetischen Raum gibt. Als Jugendliche, die selbst regelmäßig ihre Großeltern in Polen besucht, trifft sie das. »Ich war damals auf sehr naive Weise von der russischen Kultur fasziniert und fand kyrillische Schriftzeichen so toll«, sagt sie. Diese Begeisterung und der liebevolle Blick nach Osteuropa wachsen. »Mit 17 Jahren wusste ich und habe es in mein Jahrbuch beim Abi geschrieben, dass ich Slawistik studieren werde.«

Hinter ihr im Café des »Il Kino« hängen die polnischen Versionen ikonischer Werbeplakate cineastischer Klassiker: Truffauts »Nuit americaine« aus dem Jahr 1973 oder Ernst Lubitschs Satire »Sein oder Nichtsein« von 1942 über ein Warschauer Theater-Ensemble, das die nationalsozialistischen Besatzer an der Nase herumführt. Hinten im Saal läuft der Film »Green Border« über die unmenschlichen Zustände Geflüchteter an der Grenze zwischen Belarus und Polen. Julia Schneider hat ihn bereits gesehen. »Ein großartiger Film der polnischen Regisseurin Agnieszka Holland«, wirbt sie, »solltet ihr euch unbedingt anschauen.« In ihrer Freizeit schreibt sie einen Newsletter über osteuropäisches Kino: »Ich bin ein Nerd. Wenn mich etwas interessiert, dann ganz.«

Mit der Kirche bleibt das Verhältnis ein bisschen komplizierter. »Im Verband tragen wir das ›K‹ im Namen, und natürlich sind wir ein Teil der Katholischen Kirche, aber es geht bei uns vor allem um die Gemeinschaft. Wir würden nie jemanden ausschließen, und da unterscheiden wir uns natürlich von der Kirche.«

Den Synodalen Weg gehen

Zentral war für sie deshalb in den letzten Jahren der Synodale Weg, der nach den Missbrauchsskandalen einen Weg für eine Modernisierung der Kirche sucht. Julia Schneider stärkte als Mitglied im kirchenpolitischen Ausschuss des KSJ den Jugendvertreterinnen und -vertretern in den Gremien des Synodalen Wegs den Rücken. »Ich glaube, es braucht einfach eine kritische Auseinandersetzung mit dem Priesteramt und ein kritisches Hinterfragen des Zölibats. Klerikalismus führt zu Machtmissbrauch, und deshalb müssen wir vieles hinterfragen. Warum werden Missbrauchs-Schuldige so selten zur Verantwortung gezogen? Was macht das mit unserem ›Safe

Space‹, dem Schutzraum, der die Kirche eigentlich sein soll? Was macht das mit den Gläubigen?« Eine Öffnung des Priesteramtes für Frauen ist ihr wichtig: »Denn es gibt viele Frauen mit Berufung«, genauso wie eine Änderung der Lehre, was die Ehe angeht sowie eine Öffnung der Ehe für alle.

Doch es gibt auch Lichtblicke: »Durch meine Arbeit im Vorstand des KSJ hatte ich auch mit einem Priester zu tun, der meinen Blick verändert hat«, erklärt sie. »Der war so nahbar, ich kann es nicht anders sagen: richtig cool. Ein lebensnaher Mensch, der sich nicht über einen stellt, sondern einem auf Augenhöhe begegnet. Der kritisch ist und nicht die ganze Zeit nur über den Glauben und die Kirche redet, sondern einfach mit dir über das redet, was dich beschäftigt. Das hatte einen großen Einfluss auf mich.«

Ihre Leidenschaft gehört trotzdem nicht der Kirche, sondern der Kultur. Nach ihrem Studium will sie ihre Begeisterung für Filme und Osteuropa zusammenbringen. »Ich versuche, die Filmbranche aus jeder möglichen Perspektive kennenzulernen. Ich war schon viel auf Filmfestivals, schreibe über Filme und habe ein Praktikum in einer Produktionsfirma gemacht.« Eine Begeisterung, aus der jetzt ein Beruf werden soll. Ihr Berufswunsch ist Filmproduzentin. »Ich würde gerne anderen helfen und sie dazu befähigen, Filme zu drehen und ihre Geschichten zu erzählen«, sagt sie. »Darin liegt eine besondere Macht, und es gibt tatsächlich einen Mangel an Produzentinnen und Produzenten in Deutschland.«

Und was wäre ein Film, den sie gerne produzieren würde? »Einer, der es schafft, dieses Gefühl zu übermitteln, das mich so fasziniert: dieses Gefühl, in einem anderen Land zu sein, das trotzdem ein Zuhause ist. So wie ich es in Polen erlebe. Es ist anders als das, was man kennt, und trotzdem: Wenn du dort bist, dann ist es, als füge sich ein Puzzleteil ein in deinem Herzen.«

Björn Trautwein

Björn Trautwein

ist freier Journalist in Berlin mit einem Schwerpunkt auf soziale Themen und bürgerschaftliches Engagement. Er schreibt über das, was die Stadt bewegt und über alle, die die Stadt bewegen. Für die Tageszeitung B.Z. verantwortet Trautwein die Ehrenamts-Serie »Berliner Helden«. Er hat einen Sohn und lebt in Karlshorst. Er wurde in einer evangelischen Gemeinde getauft, besucht Kirchen aber hauptsächlich beruflich.

»Glück auf!«

Bernd Pabel *ist mit Leib und Seele Vorsitzender des Bergbauvereins Rüdersdorf 1990 e.V.*

Als er einmal vor großen gesundheitlichen Herausforderungen stand, die Ärzte bei ihm Bauchspeicheldrüsenkrebs diagnostizierten, was sich im Nachhinein als Fehldiagnose herausstellte; bei seinem dreijährigen Enkel ein Tumor im Kopf entdeckt wurde, der entfernt werden konnte und gutartig war, und seine Frau in die Berufsunfähigkeit rutschte – da war Bernd Pabel wirklich am Ende. Was ihm half, waren sein Glaube und sein Motorrad. Mit seiner Honda CBF 1000 war er zehn Tage unterwegs. Kam bis nach Rouen in Frankreich, fuhr an der Atlantikküste und am Ärmelkanal über Calais, Belgien und die Niederlande wieder zurück nach Rüdersdorf. Diese Tour, ganz allein, führte ihn wieder zu sich selbst. Zu Hause angekommen, sagten seine Frau, die Kinder, Freunde und Nachbarn: »Endlich bist du wieder ganz der Alte!«

Eltern und Großeltern mussten ihre Heimat Schlesien verlassen

Bernd Pabel steht mit seiner schmucken Bergmannsuniform vor dem Eingang des Heinitztunnels in Rüdersdorf. Hier, im 10000-Einwohner-Ort südöstlich von Berlin, wurde er 1959 geboren. Seine Eltern kamen als vertriebene Schlesier von Mittelwalde (heute Międzylesie) nach dem Zweiten Weltkrieg 1947 nach Rüdersdorf. Sein Vater war nach der Kriegsgefangenschaft in der Verwaltung des VEB Zementwerks als »Controller« beschäftigt, wie man das heute wohl nennen würde. Auch seine Mutter arbeitete beim größten Arbeitgeber im Ort.

Seit fast 770 Jahren wird in Rüdersdorf Kalkstein abgebaut und zu Baustoffen verarbeitet. Viele Wahrzeichen Berlins, wie das Fundament des Brandenburger Tores oder das Olympiastadion, sind mit Rüdersdorfer Kalkstein errichtet worden. Die industrielle Zementproduktion begann 1885. Zu DDR-Zeiten nannte man Rüdersdorf den staubigsten Ort in Ostdeutschland. Damals arbeiteten 3500 Menschen im Zementwerk. »Aktuell sind es noch 230, mehr sind es nicht mehr«, erzählt Bernd. »Früher hatten wir drei Zementwerke, heute gibt es nur noch eines, das aber dieselbe Menge wie zu Zeiten der sozialistischen Planwirtschaft produziert.« Das trifft ebenso auf die Förderung von drei Millionen Tonnen Kalkstein zu. »Heute natürlich mit viel weniger Arbeitern und modernster Technik wie einem der größten Bagger Europas und Dumper, die hundert Tonnen transportieren können.«

Bernd wuchs mit seiner Zwillingsschwester und zwei Brüdern in einem der typischen weiß-grauen Kalksteinbauten der Bergarbeiter auf. Alle Kinder wurden in der Rüdersdorfer katholischen Kirche Heilige Familie getauft, hatten hier ihre Erstkommunion und Firmung. Bis zum 18. Lebensjahr war Bernd dort auch Ministrant.

Am Rüdersdorfer Kalksee lernte er 1976 seine Frau Sabine beim Fasching des Rudervereins kennen. Zwei Jahre später waren sie verheiratet. In Rüdersdorf kamen ihre drei Kinder zur Welt: 1978 Tino, 1980 Heiko und 1989 Sandra. Einer der Söhne lernte Schornsteinfeger, der andere Betonfertigteilbauer und die Tochter Physiotherapeutin. Mittlerweile haben auch sie Kinder, und so gibt es bei Pabels vier Enkelkinder, die alle in Rüdersdorf oder im Nachbarort wohnen.

Fast fünf Jahrzehnte war Bernd Pabel im Zementwerk beschäftigt und mehr als 20 Jahre im Kirchenvorstand der Gemeinde engagiert. In diese Zeit fiel die Anschaffung der neuen Glocken sowie davor die Restaurierung der neoromanischen Kirche Heilige Familie, die 1905 für die wachsende katholische Gemeinde gebaut wurde.

Seine Welt ist der Bergbau

Bernd Pabel ist ein großer, kräftiger Mann mit leichtem Bauchansatz, Brille und Tonsur mit grauem Haar. Er wirkt fit und tatkräftig. Und er hat viel zu erzählen über sein Leben in einer katholisch sozialisierten Familie, seinen Beruf, die Kirche und,

klar, seinen Bergbauverein, dessen Vorstand er seit zwei Jahren ist. Gelernt hat er Mitte der 1970er Jahre Instandhalter, was heute dem Berufsbild eines Industriemechanikers entspricht. Nach seiner 18-monatigen Wehrpflicht in der NVA, wo er als Militärkraftfahrer Piloten zwischen Neubrandenburg und mehr dafür da.« Seinen Meister machte er dann trotzdem, sieben Jahre später unter den neuen Eignern des Zementwerkes. 2004 wurde er technischer Leiter nicht nur in Rüdersdorf, sondern auch für Produktionsstätten in Nordrhein-Westfalen, Hamburg, Stettin und Rostock.

»Das eine sind die Menschen, und das andere ist der liebe Gott. Ich muss mich vor Gott verantworten, nicht vor dem Pfarrer. Der ist auch bloß ein Mensch.«

Peenemünde hin- und herfuhr, kehrte er ins Zementwerk zurück. Er absolvierte Weiterbildungen als Schweißer und Hydraulikmonteur und arbeitete nach Fortbildungen auf der Abendschule ab Mitte der 1980er Jahre als Kfz-Mechaniker, bevor er 1987 Werkstattleiter wurde.

»Ich wollte, nachdem wir unser eigenes Haus fertiggebaut hatten, gerade meinen Meister machen. Doch dann kam die Wende, und es war kein Geld

Obwohl Bernd Pabel mittlerweile im Ruhestand ist, spricht er immer noch von »wir«, wenn er über seinen früheren Arbeitgeber berichtet. »Wir haben hier Kalkstein noch bis zum Jahr 2062 laut Betriebsplan. Dann werden langsam die Pumpen abgeschaltet, und es entsteht bis 2082 ein großer See, auf dem dann Segelboote fahren werden.«

Aktuell gibt es »nur noch zehn richtige Bergleute, die unter Tage arbeiten«, erklärt er und präsentiert dabei stolz die alten Maschinen und Hunte im unterirdischen Tunnel, der heute Vereinsraum ist. »Nicht alle, die bei uns im Verein sind, waren auch unten im Bergbau tätig.« Neben einigen älteren Bergleuten sind auch Glaser, Tischler oder Autohausbesitzer im Bergbauverein Rüdersdorf. Sein acht Jahre älterer Bruder, der leider vor einigen Jahren an Krebs verstorben ist, war Schichtleiter im Tagebau. Über ihn kam Bernd Pabel vor zwei Jahrzehnten in den Bergbauverein.

Schutzpatronin der Bergleute: die heilige Barbara

Jedes Mitglied trägt bei besonderen Anlässen wie bei den Bergparaden eine maßgefertigte Bergmannsuniform. »Meine hat knapp 800 Euro gekostet«, sagt Bernd. »Die 28 goldenen Knöpfe sind die Lebensjahre der heiligen Barbara, der Schutzpatronin der Bergleute. Die Kordeln an den Ärmeln symbolisieren die Zündschnüre für die Sprengungen.« Unter dem Jackett wird ein weißes Hemd mit schwarzem Schlips mit den Symbolen von Schlägel und Eisen getragen, die sich auch auf den Schultern befinden. Zur Uniform gehört der schwarz-weiße federgeschmückte Schachthut. Es sind echte Schwanenfedern, die in Preußen immer Schwarz und Weiß waren – im Unterschied zu Thüringen mit den Farben Gelb und Grün oder zu Sachsen mit Gelb und Blau, wie er bei Bergparaden im Erzgebirge oder im Thüringer Wald beobachtete. Wenn es dorthin geht oder sie ins Ruhrgebiet reisen, dann natürlich mit Bergkapelle sowie Vereinsfahne.

Bernd Pabel präsentiert stolz einige Abzeichen an seiner Jacke: Eines zeigt eine kleine Bergmannslampe, ein weiteres ist vom Landesverband Brandenburg/Berlin, das nächste vom Deutschen Bergmannstag in Sachsen. Zudem ist auf dem schwarzen Jackett ein Abzeichen mit der heiligen Barbara sowie der Madonna von Lourdes zu sehen.

Auf ihre Paradeuniformen sind die Bergleute stolz. »Und wenn man es sich wünscht, wird man nach dem Tod damit aufgebahrt. Zudem sind wir mit unserer Uniform bei jeder Beerdigung dabei, wenn jemand aus dem Verein stirbt. Das gehört sich so«, sagt Bernd Pabel. In Rüdersdorf selbst kann man ihn und seine 66 Vereinskameradinnen und -kameraden jedes Jahr am ersten Wochenende im Juli beim Bergfest in Aktion beobachten, beim bergmännischen Zapfenstreich, dem Aufzug der Bergleute mit Geleucht, beim ökumenischen Gottesdienst am Sonntag sowie am Abend im Festzelt. »Noch vor einigen Jahren waren der evangelische und der katholische Ortspfarrer sogar bei uns Mitglieder. Das hat vieles bei der Organisation von Festen einfacher gemacht«, bedauert Bernd den Status quo.

Mit Blick auf seine Kirche ist Bernd nicht nur voll des Lobes. »Man kann ein guter Christ sein, aber man muss nicht alles akzeptieren, was hier läuft«, sagt er, der viele Jahre engagiert im Kirchenvorstand mitwirkte sowie als Küster mithalf. »Wir brauchen uns nicht zu wundern, wenn die Kirchen immer leerer werden«, sagt er zu den nicht enden wollenden Meldungen zum Missbrauch von Geistlichen an Kindern und den Umgang damit.

Er sagt sich dann oft: »Das eine sind die Menschen, und das andere ist der liebe Gott. Ich muss mich vor Gott verantworten, nicht vor dem Pfarrer, der ist auch bloß ein Mensch. Mancher hat seine Stärken in der Seelsorge, ein anderer mehr in der Organisation. Mein Vater sagte dazu immer: Jeder Mensch ist anders dämlich«, das mache einen demütig, sagt er schulterzuckend.

Muscheln, Saurierknochen und Uniformen aus der Kaiserzeit

Bevor die Bergleute unter Tage gingen, versammelten sie sich noch im letzten Jahrhundert im Bethaus zu einer kleinen Andacht, »weil die Arbeit im Bruch zum Beispiel durch Sprengungen gefährlich war und niemand wusste, ob er am Abend wieder gesund nach Hause kommt«. Die Glocke aus dem frühen 19. Jahrhundert aus dem alten Bethaus, das längst abgerissen wurde, befindet sich heute im Besitz des Vereins. Neben Loks, Pumpen, Hunten und Bohrern sind historische Fotos, Häckel, Steigerstöcke und historische Schlägel zu sehen. Auch Uniformen aus der Kaiserzeit und dem Dritten Reich, zudem Steine und Funde aus dem Tagebau, etwa Muscheln, Knochen von Sauriern, Kopffüßler oder kleine Insekten, die in den Steinen eingeschlossen sind. »Im Naturkundemuseum in Berlin gibt es einen kleinen Fischsaurier, der hier gefunden wurde«, erklärt Bernd Pabel.

Das Vereinshaus ist im Prinzip ein alter Kanal, der noch auf Friedrich Anton von Heynitz (1725–1802) zurückgeht, den Gründer der Freiberger Bergakade-

mie in Sachsen und späteren Reformer des Berg- und Hüttenwesens in Preußen. »Heynitz brachte hier in Rüdersdorf eine Bergordnung rein«, berichtet Bernd Pabel und verweist auf einen aus Kupfer getriebenen Adler, der früher beim Bergamt Rüdersdorf auf einem Sockel stand. Als die Soldaten der Roten Armee 1945 auf Berlin zu marschierten, schlugen sie den Adler entzwei und warfen ihn in den Heinitzsee. Die Teile konnten später geborgen werden; Vereinsmitglieder setzten ihn wieder zusammen. Heute gehört er zur kleinen Dauerausstellung des seit 1990 existierenden Bergbauvereins in Rüdersdorf.

Auf einer Freifläche am Heinitzkanal erläutert Bernd Pabel die Geschichte des Tagebaus, die hier auf Zisterziensermönche im 13. Jahrhundert zurückgeht. Er zeigt auf ein Portal, das seine »Bergkameraden« geborgen haben, und auf den neu entstandenen Glockenturm. Er hat zu jedem Bauteil eine Anekdote parat und kennt jeden Handwerker, der hier mitgeholfen hat. Und so könnte es weitergehen, wenn Bernd Pabel über Kumpels, Hunte und Ratten unter Tage, schlechte Wetter, »weg vom Fenster« oder Deputat-Schnaps für 80 Ostpfennige seine Geschichten erzählt.

Rocco Thiede

Rocco Thiede

Jahrgang 1963, studierte Kunstgeschichte und Archäologie in Rom, Berlin und Leipzig und war Redakteur bei Die Welt, SAT.1 und bei Bertelsmann in Gütersloh. Er ist Publizist, Fotograf, Herausgeber und Autor von Sachbüchern zu Themen von Familie & Co bei Herder, der BpB, St. Benno und dem Aufbau-Verlag Berlin. Mit seiner Frau und sechs Kindern lebt er am Berliner Stadtrand.

Entwicklung ermöglichen

Im Glauben geerdet, vielseitig engagiert und immer anpackend: Professorin Dr. **Sylvia Kroll**

In ihrer Gemeinde St. Antonius Eichwalde ist sie nur die »Sylvia«. Bei ihrer Arbeit an der Katholischen Hochschule für Sozialwesen in Berlin-Karlshorst war sie Frau Professor Doktor Sylvia Kroll. Bestimmt hätte vieles ganz anders kommen können, sagt die 66-Jährige, wenn sie auf ihr Leben zurückschaut: »Ich hatte oft Glück. Man könnte auch sagen: Gott hatte seine Hände stets im Spiel.«

Ihre Kindheit verlebte die gebürtige Magdeburgerin im katholischen Kinderheim St. Josef in Wanzleben. Rückblickend hätte sie sich ein Zuhause anderer Art gewünscht. »Aber wer weiß, welche Möglichkeiten und Entbehrungen ich in einer Familie gehabt hätte«, fragt sie sich. Vieles sei besser geworden, als sie 14 Jahre alt war und Pfarrer Georg Walte aus Wanzleben sie – mit Zustimmung des damaligen Weihbischofs Johannes Braun – als Pflegekind annahm. Dass sie von da an im Pfarrhaus aufwuchs, betrachtet sie als Segen.

Abitur und Studium hatte Sylvia Kroll sich vorgenommen. Als Christin in der DDR war beides aber nur schwer möglich. Sie schlug einen Berufsweg in der Kirche ein, absolvierte bei der Caritas eine Ausbildung zur Erzieherin und arbeitete danach im katholischen Kinderheim in Ilsenburg im Harz. Parallel holte sie auf der Volkshochschule das Abitur nach.

Im Laufe ihres Lebens, erzählt Sylvia Kroll, sei sie immer wieder Menschen begegnet, die ihr Entwicklung ermöglichten. »Ohne Unterstützung durch die

Kolleginnen zum Beispiel hätte ich die Anforderungen beim Abitur – vier Tage in der Woche von 17 bis 21 Uhr Unterricht – mit dem Erzieheralltag niemals in Einklang bringen können.« Zudem habe ihr die Zugehörigkeit zur Kirche oft auch Wege geboten, sich dem Regime und seinen Einschränkungen ein Stück weit zu entziehen.

Als »kirchliche Delegierte« zum Studium in Ostberlin

So habe sie auf Initiative des späteren Weihbischofs Theodor Hubrich klinische Psychologie in Berlin studieren können. »Er hat sich mit seinen Verbindungen zu staatlichen Ebenen für mich eingesetzt, so dass ich als ›kirchliche Delegierte‹ zum Studium zugelassen wurde«, berichtet Sylvia Kroll. Als Nichtmitglied der FDJ hatte sie auch Vorteile: Sie musste nicht an politischen Veranstaltungen teilnehmen. Stattdessen konnte sie über die katholische Studentengemeinde wiederholt westdeutschen Studenten begegnen. »Durch all das ist die geistige Enge des Lebens in der DDR etwas aufgebrochen worden.«

Nach dem Studium ging sie zurück zur Magdeburger Caritas und war zuständig für die psychologische Diagnostik beeinträchtigter Kinder und Jugendlicher in katholischen Heimen.

Mit dem Angebot eines Promotionsstudiums ging sie zurück nach Berlin und lehrte dort parallel Entwicklungspsychologie im kirchlichen Seminar für Sozialpädagoginnen. Erkenntnisse aus der Entwicklungspsychologie sind genau die zentralen Grundlagen für das spätere Lehrgebiet Hilfen zur Erziehung in der Katholischen Hochschule für Sozialwesen Berlin (KHSB), in dem es darum geht, Kindern und Familien Entwicklung zu ermöglichen auf der Grundlage, was sie jetzt und in Zukunft unter Berücksichtigung der Vergangenheit brauchen.

Der Mauerfall eröffnete plötzlich Möglichkeiten, von denen sie vorher nur träumen konnte. »Wir konnten schon 1991 eine staatlich anerkannte katholische Hochschule für Sozialwesen gründen, aufbauend auf den Erfahrungen der kirchlichen Ausbildungsstätten in Ostberlin und Magdeburg.« Sylvia Kroll war von Anfang an ein aktives Gründungsmitglied der KHSB. Allerdings war es nun ihre ostdeutsche Herkunft, die mitunter hinderlich war. So konnte sie das angefangene Promotionsstudium nicht fortführen, »weil meinem Professor Mitarbeit bei der Stasi nachgewiesen wurde«. Die allgemeine Hochstimmung habe sie getragen, ihr Kraft gegeben, auch mit Rückschlägen umzugehen.

Die Nöte der Mutter und der Kinder im Blick haben

Bleibende Eindrücke habe ihre Tätigkeit als Beraterin in einer Ostberliner Caritas-Beratungsstelle hinterlassen. Sie kam mit Frauen ins Gespräch, die besondere Lebenskrisen durchlebten. »Sie haben einen Schwangerschaftsabbruch vorgenommen oder ihr Kind nach der Geburt weggegeben. Oder es aus Verzweiflung an fremden Orten liegen gelassen – oder in einzelnen Fällen getötet«, erläutert Sylvia Kroll. Bei all dem, habe sie festgestellt, gehe es um existenzielle Krisen mit traumatischen Folgen für die Frauen und mit vergebenen Chancen für die Kinder. So erarbeitete sie ein Präventionskonzept gegen Kindstötung für das »Haus Sonnenblume« in Berlin, ein Haus für Mütter und Kinder, 1998 ins Leben gerufen von der Franziskanerin Monika Hesse. Genau das macht das Handlungsziel ›Entwicklung ermöglichen‹ deutlich: Kindern eine Zukunft zu geben und Frauen in ihren Belastungen nachhaltig zu begleiten.

Ihre Expertise war bald auch anderswo gefragt. Der Deutsche Caritasverband schlug Sylvia Kroll, die nach ihrer Dissertation 1996 zur Professorin mit dem Schwerpunkt Hilfen zu Erziehung an der KHSB berufen wurde, als Sachverständige für den alle vier Jahre veröffentlichten Jugendbericht der Bundesregierung vor. »In dieser siebenköpfigen Kommission mitzuwirken war schon etwas Besonderes und hinterließ bleibende Spuren. Vor dem zehnten Bericht 1998 hießen die Berichte nur Jugendbericht. Doch der Kommissionsvorsitzende und ich wollten die Kinder stärker in den Fokus rücken und dies auch im Titel erkennbar machen. Seitdem heißen alle Berichte Kinder- und Jugendbericht.«

Bis die ostdeutsche Katholikin Sylvia Kroll bereit war, in einen katholischen Verband einzutreten, vergingen zehn Jahre. Der Katholische Deutsche Frauenbund, vor allem die damalige Präsidentin Ursula Hansen, die eine Vertreterin für die neuen Bundesländer im Zentralkomitee der deutschen Katholiken (ZdK) suchte, hatte sie letztlich überredet. Im ZdK wurde sie bald darauf Sprecherin für den Sachbereich Soziales. »Damals«, erinnert sie sich, »tobte

die erhitzte Debatte um den Ausstieg von Kirche und Caritas aus der Schwangerschaftskonfliktberatung. Es galt, einen Weg zu finden, in der die Kirche ihr Gesicht wahren kann, aber auch den reellen Nöten von Müttern gerecht wird.« Aus den Gesprächen mit Frauen, die zu DDR-Zeiten abgetrieben hatten, wusste sie: »Es ging ja ganz leicht: Die Frauen sind zur Gynäkologin gefahren und haben den Abbruch durchführen lassen. Aber danach waren sie mit ihrer Entscheidung komplett allein. Oft hat es nicht einmal den Ehemann oder Partner interessiert. Zehn Jahre später kamen dann in der Beratung die Tränen.« Sylvia Kroll kam zu dem Schluss: »Schwangerschaftskonfliktberatung heißt, nicht nur vor dem Abbruch für die Frau da zu sein, sondern auch danach.«

ihr Sorge: »Ich sehe immer mehr die Gefahr, dass wir Menschen uns zum Gott erheben wollen, der über Leben und Tod entscheidet.«

»Trotz allem – es lohnt sich«

Dass die Kirche ihr Potenzial, in der Gesellschaft Orientierung zu geben, zunehmend einbüßt, tue ihr weh, sagt Sylvia Kroll. Daran sei die Kirche aber zum großen Teil selbst schuld, »wegen des jahrelangen sexuellen und geistigen Missbrauchs von Menschen, die sich ihr zur Seelsorge anvertraut haben«. Und – für sie fast genauso schlimm – »wegen Schutz der Täter«. Auf der anderen Seite finde sie es ungerecht, für Fehler etwa von Priestern oder Bischöfen in Mithaftung genommen zu werden. »Wie können

Die neu entflammte Kontroverse um den Schwangerschaftsabbruch verfolgt sie. Frauen, die abgetrieben haben, zu verteufeln, widerspricht ihrem christlichen Grundverständnis. »Gott ist Tröster und Wegweiser auf allen Wegen des Lebens«, sagt sie mit Überzeugung. Der Perspektive der Frau räume sie deshalb einen hohen Stellenwert ein. Dennoch habe sie auch das Kind im Blick und erachte die derzeit geltende Beratungslösung für erhaltenswert. »Das eine tun und das andere nicht lassen, ist eine meiner Handlungsmaximen. Wir bieten für viele Lebenssituationen Beratungen an, zum Beispiel für die Berufswahl. Und hier, wo es um Existenzielles geht, soll Beratung keine Relevanz mehr haben?« Auch die Debatte um den assistierten Suizid bereite

Sie noch in die Kirche gehen«, werde sie manchmal gefragt, beispielsweise wenn ihre Gemeinde interessierten Außenstehenden die Türen öffnet. Da verweist sie gern auf die Bibel. Dort sei von unermesslichen Sünden die Rede, es werde aber auch Trost und Hoffnung vermittelt. »Mein Satz ist immer: Trotz allem – es lohnt sich.«

Was die Mitwirkung von Frauen in der Kirche betrifft, vertraue sie darauf, dass es in ihrer »Kirche Gottes« einen Weg geben wird. Sie erinnert sich an ihre Kindheit, als sie gern Ministrantin geworden wäre, Mädchen das aber nicht durften. Heute gebe es Ministrantinnen und Diakonatshelferinnen. Ob sie glaube, die Frauenweihe noch mitzuerleben? »Ich bin zuversichtlich, aber ich würde dies nicht mit der Keule erzwingen wollen. Wohl aber einladen, nach Wegen zu suchen, wie es möglich werden kann.«

Das Ewige Licht vor dem Tabernakel

Dass Gott in der Eucharistie gegenwärtig ist, hält Sylvia Kroll für den Kern ihres Glaubens und für etwas spezifisch Katholisches. »Das sage ich bei aller Wertschätzung für die Ökumene«, betont sie. In ihrer Gemeinde St. Antonius in Eichwalde bei Berlin hat sie die »Offene Kirche« initiiert; jeden Mittwoch von 15 bis 18 Uhr steht sie allen Interessierten offen. Sie erzählt von einem Gespräch mit einem Besucher. Worin für sie der Unterschied zwischen »ihrer« Antoniuskirche und einer evangelischen Kirche bestehe, habe er sie gefragt. Sie ging in die Sakristei und schaltete das Licht aus. »Alles war dunkel, bis auf das Ewige Licht vor dem Tabernakel. Für uns, habe ich erklärt, bedeutet das, Christus, Christi Leib ist gegenwärtig – und zwar immer.«

Auch das Engagement in der Pfarrgemeinde und in der Kommunalgemeinde liege ihr am Herzen. »Ich möchte Menschen ermutigen, ihre Gestaltungsfreiheit zu nutzen. Sie ist ein kostbares Gut«, meint Sylvia Kroll. Dass ihre Gemeinde nach außen tritt, sei ihr wichtig. Eine positive Erfahrung in dieser Hinsicht sei die Gestaltung des 100-jährigen Kirchweihjubiläums gewesen, für die sie mit Begeisterung federführend den Impuls gesetzt hat. »Gemeinsam kann vieles gelingen«, hätten die Eichwalder erfahren. Bald darauf war sie wieder Impulsgeberin, für die Gründung des Vereins »Antonius-Gemeinschaft Eichwalde e.V.«, dessen Vorsitzende sie seitdem ist. Ziel ist der Erhalt von Pfarrhaus und Kirche in der Kommune – auch angesichts der Zusammenlegung mit der Nachbargemeinde in Königs Wusterhausen und dem dort angesiedelten Pfarreistandort.

Der Antonius-Gemeinschaft gehe es auch darum, Begegnung zu ermöglichen, erklärt Sylvia Kroll. So initiiert der Verein verschiedene Zusammenkünfte für die Gemeinde – zuvor waren solche nicht möglich – und vor zwei Jahren den wöchentlichen Ukrainetreff, die »Offene Kirche« und das alle zwei Monate stattfindende Begegnungscafé. Hinzu kommen die verschiedenen Einladungen in die Ortsgemeinde hinein, zusammen mit verschiedenen Organisationen, zum Beispiel zu Lesungen, Musikveranstaltungen, zu Turmblasen oder Trödelmarkt.

Doch nicht nur um den Kirchturm von St. Antonius kreisen Sylvia Krolls Gedanken. Als das Ahrtal vom Hochwasser heimgesucht wurde, fuhr sie für eine Woche nach Euskirchen und bot den Opfern psychologische Begleitung an. Ein Aufruf der Caritas hatte sie dazu bewegt. »Jetzt brauchen wir statt Geld vor allem Seelsorger und Psychologen«, hieß es dort zwei Wochen nach dem Unglück.

Mehr Gespräche, weniger Sitzungskommunikation

Wenn sie Kirche im Westen Deutschlands erlebt, trauert Sylvia Kroll manchmal dem Erleben der Katholischen Kirche in der DDR nach. »Die Kirche war unser Schutz- und Aktivraum. Wir haben mehr zusammengehalten, mehr das Gespräch gepflegt und weniger die Sitzungskommunikation.« In der westdeutschen Kirche habe sie eine Anti-Haltung gegenüber der hierarchischen Struktur der Kirche erlebt, die sie so nicht gekannt hat. »Den Bischof zu kritisieren, daran dachte hier keiner, denn er war Teil der Gemeinschaft.« Viele Katholiken aus dem Osten haben die Kirche nach 1990 als fremd erlebt, sich in ihr nicht mehr wohlgefühlt, ist sie überzeugt.

»Wenn du willst, dass sich etwas ändert, dann schau, was du selbst beitragen kannst.«

Für die Momente, in denen Trauer oder Ärger zu überwiegen drohen, hat Sylvia Kroll ihre Werkzeuge. »Bei mir gibt's eine Grundregel, die mein Pflegevater mir beigebracht hat: erstmal eine Nacht drüber schlafen.« Eine andere Botschaft, der sie viel abgewinnen kann, heißt: »Wenn du willst, dass sich etwas ändert, dann schau, was du selbst beitragen kannst.« Ihr helfe zudem der Austausch mit Kollegen aus der Psychologie oder mit Freunden, mit denen sie Freude und Leid teilt. »Ich wünsche jedem solche Beziehungen, in denen er und durch die er getragen wird«, sagt Sylvia Kroll. Das könne auch die Familie oder ein Seelsorger sein. »Und der Herrgott«, sagt sie lachend, »der ist ja auch noch da.«

*Stefan Schilde**

**über den Autor Seite 64*

CK

»Ich hatte immer das Gefühl, dass mir etwas fehlt«

Geld, Auto, Freundin: Als junger Mann hatte der Brasilianer **José Ricardo Leandro Diniz** *SCJ alles. Und doch führte ihn sein Weg in einen Orden – und schließlich als Priester nach Deutschland*

Wie warst du als Kind? »Soll ich das ehrlich sagen?«, fragt Pater Ricardo verschmitzt und erzählt: »Ein Teufelchen. Ich war immer ein guter Schüler, aber ich habe meinen Eltern und Lehrern Kummer bereitet, weil ich nur geredet und Blödsinn angestellt habe.« Was denn für »Blödsinn«? »Zum Beispiel hatte meine Klasse eine Geschichtslehrerin, der wir jede Woche zum Geburtstag gratuliert und ihr ein Ständchen gesungen haben – über drei Jahre, jede Woche: ›Parabens bravo! Herzlichen Glückwunsch!‹ Und ich habe nicht nur mitgemacht, sondern ich war der, der alles geplant hat.« Viele Jahre später, als er schon Priester war, habe er die Lehrerin beim Einkaufen in einem Supermarkt wiedergesehen. Die Frau musterte ihn erst eine Weile, bis sie ihn ansprach: »Bist du Ricardo? Ich habe gehört, dass du Priester geworden bist. Stimmt das?« Und dann habe sie angefangen zu weinen, berichtet Pater Ricardo. »Sie hat mir erzählt: ›Ich habe jeden Tag für dich gebetet. Du warst so unmöglich, dass ich mich gefragt habe: Was wird bloß aus diesem Jungen werden?‹«

»So ein Lümmel«

Heute schämt sich Pater José Ricardo Leandro Diniz SCJ dafür, dass er als Kind »so ein Lümmel« war. Ein grauer Bart wächst im jung gebliebenen Gesicht des 45-Jährigen. Auch heute redet er noch gern und viel. Wenn er erzählt, erzählen seine Hände mit, und man hört ihm gern zu, weil sein brasilianischer Akzent dem Deutschen eine eigene Melodie verleiht. Seit September 2020 leitet er die portugiesischsprachige Gemeinde im Erzbistum Berlin. Und er ist Ordensmann: Im Katharinenstift in Berlin-Prenzlauer Berg, wo auch die portugiesischsprachige Gemeinde beheimatet ist, hat seine Kommunität ihr Zuhause. Pater Ricardo lebt dort

gemeinsam mit einem deutschen und einem brasilianischen Herz-Jesu-Priester im vierten Stock eines roten Backsteinbaus. Gleich darunter im Erdgeschoss hat er sein Büro.

Die Wände des Büros sind in einem hellen Gelb gestrichen. Ein Ausgleich zum massiven dunkelbraunen Holzschrank, vor dem ein Schreibtisch steht. Auf Regalen neben der Tür reihen sich mehrere Madonnenfiguren, darunter summt leise ein Aquarium. »Brasilien, Portugal, Mozambik, Guinea-Bissau, Kap Verde und Angola. Sechs Nationalitäten, sechs Kulturen«, zählt Pater Ricardo auf und blickt auf die bunten Flaggen, die in Bilderrahmen eine Wand zieren. Schon sein Vorgänger als Pfarrer der Gemeinde war Herz-Jesu-Priester. Als dieser innerhalb des Ordens versetzt werden sollte, bot der Provinzobere ihm die Stelle an. Werde ich das schaffen, habe er sich anfangs gefragt. Denn eine Gemeinde mit Gläubigen, die so unterschiedlich in Herkunft und Glaubenserfahrung sind, zu leiten sei eine Herausforderung. »Am Anfang war es kompliziert«, erinnert er sich. »Aber so ist es ja meist, wenn man eine neue Aufgabe übernimmt«, fügt er hinzu und lächelt.

Geboren und aufgewachsen ist Pater Ricardo in Londrina, was auf Deutsch »Klein-London« heißt. Fast 600 000 Einwohner leben in der brasilianischen Großstadt im Bundesstaat Paraná, die etwa 500 Kilometer westlich von São Paulo liegt. Nach Fläche und Bevölkerung ist Brasilien das größte Land Südamerikas. Zum Vergleich: Die Fläche Deutschlands passt ungefähr 24 Mal in Brasilien hinein. Die Deutschen teilten ein klischeehaftes Bild von seinem Heimatland, findet Pater Ricardo. Es sei eben nicht nur Sonne, Strand und Palmen. Im Winter könne es in Londrina kalt werden: »Ich bin schon im deutschen Sommer losgeflogen und im brasilianischen Winter bei drei Grad angekommen.«

Seine Familie sei »schon ziemlich gläubig – so wie viele Brasilianer«, sagt Pater Ricardo. Das Gemeindeleben in Brasilien sei vielfältiger als hier: Nicht nur sonntags gehen die Brasilianer in die Kirche, auch unter der Woche. Die Kirche biete ihren Mitgliedern viele Möglichkeiten, sich zu engagieren und an Angeboten teilzunehmen. Dass seine Familie eine enge Verbindung zur Gemeinde pflegt, sei die Grundlage seiner Berufung, glaubt Pater Ricardo. Obwohl weder seine Eltern noch seine Geschwister es für möglich gehalten hätten, dass er einmal Priester werden würde. Am wenigsten er selbst.

Finanziell unabhängig, eigenes Auto, eine Freundin

Im Alter von 14 Jahren fängt er an, in der Buchhaltung eines italienischen Autokonzerns zu arbeiten. Acht Stunden am Tag. Im Rückblick sagt er, habe er als junger Mann alles gehabt: finanzielle Unabhängigkeit, ein eigenes Auto und eine Freundin. »Ich war zufrieden, aber ich hatte immer das Gefühl, dass mir etwas fehlt.« Dieses Gefühl bohrt sich immer tiefer, bis Ricardo sich schließlich im Alter von 21 Jahren entscheidet, etwas in seinem Leben zu ändern. Er geht zu einer Berufsberatung: »Was möchten Sie werden?«, fragt die Psychologin dort. »Auf keinen Fall Arzt – ich kann kein Blut sehen – und auf keinen Fall Priester – ich habe eine Freundin.« Mit ihr hatte er bereits Pläne geschmiedet: Hochzeit, Kinder. Doch die Gespräche in der Berufsberatung fordern ihn heraus und bringen ihn schließlich zum Umdenken: Vielleicht ist doch ein Beruf innerhalb der Kirche das Richtige?

Ricardo nimmt Kontakt zu verschiedenen Orden auf, auch zur Kongregation der Herz-Jesu-Priester, und entscheidet sich schließlich, ein Jahr mit ihnen zu leben. Weil er seine Pläne bis zuletzt verheimlicht, glaubt seine Familie zunächst an einen Scherz: »Sie haben gelacht: ›Wir kennen dich: Das passt nicht zu dir!‹« Und seine Freundin? »Als sie gemerkt hat, dass es mir ernst war, war sie sauer. Eine Zeit lang wollte sie nicht mit mir sprechen. Für mich war es auch schwer, weil ich immer das Gefühl hatte: Ich habe sie geliebt.« Sein Entschluss, in den Orden einzutreten, führt schließlich zur Trennung. Als seine Ex-Freundin fünf Jahre später einen anderen Mann heiratet, habe er den ganzen Tag geweint, erzählt er. Und doch: Seine Entscheidung für ein Ordensleben habe er nie bereut. Denn das bohrende Gefühl, dass etwas in seinem Leben fehle, sei danach verschwunden und nie wiedergekehrt.

Entscheidung für die Herz-Jesu-Priester

Die Gemeinschaft der Herz-Jesu-Priester geht auf den französischen Priester Léon Dehon zurück. 1878 gründete dieser den Orden, der heute weltweit 2 200 Mitbrüder zählt. Während in Deutschland noch 30 Herz-Jesu-Priester leben, sind es in Brasilien mehr als 300. Jährlich würden dort mindestens acht bis zehn Mitbrüder zum Priester geweiht, weiß Pater Ricardo. Weil in der deutschen Provinz der Ordensnachwuchs ausbleibe, gebe es ein Austauschprogramm: Brasilianische Ordensleute wechseln nach Deutschland, um hier zu leben und zu arbeiten. »Wir Herz-Jesu-Priester existieren in Brasilien nur, weil einige Mitbrüder Anfang des 20. Jahrhunderts aus Deutschland nach Südamerika ausgewandert sind. Sie sind bis zu ihrem Tod in Brasilien geblieben. Das war für mich auch eine Motivation, nach Deutschland zu kommen, aus Dankbarkeit. Ich mache jetzt quasi das, was die deutschen Mitbrüder früher für uns getan haben.«

Als feststand, dass er in die deutsche Provinz wechseln würde, empörten sich Freunde und Verwandte: »Bist du verrückt? Die Leute in Deutschland sind anders als Brasilianer, kalt und streng, und sie nehmen es ganz genau!« Diese Vorurteile kann Pater Ricardo nicht bestätigen: »Ich habe diese Erfahrung in Deutschland nie gemacht.« Im Juni 2011 kommt er in Freiburg an. Dort unterhalten die Herz-Jesu-Priester ihr Ausbildungskloster, in dem junge Mitbrüder aus der ganzen Welt zusammenleben, um in Deutschland zu studieren. Nachdem er dort ein Jahr lang Deutsch gelernt hat, wird er in das emsländische Dorf Handrup versetzt. Dort betreibt der Orden ein Gymnasium. Ricardo wird Schulseelsorger und quält sich die ersten Monate: »Ich konnte das nicht machen – wegen der Sprache. Viele Kinder, die gleichzeitig durcheinanderriefen, und ich habe nichts verstanden.« Im Nachhinein sei es »supergut« gewesen, dass er dort neun Jahre geblieben ist. Noch heute fährt er jeden Mai ins Emsland, um mit dem Dorf Schützenfest zu feiern.

Neues Kniegelenk und dringend abnehmen

Die Wohnung, die seine Gemeinschaft in Berlin ihr Zuhause nennt, ist weitläufig. Mehrere Zimmer zweigen von einem langen Flur ab, an dessen Ende Küche, Gemeinschaftsraum und Kapelle liegen. Im Zimmer von Pater Ricardo schmiegen sich vier Kuscheltiere auf dem Schreibtisch aneinander. Um ihre Hälse baumeln Medaillen, die sein ganzer Stolz sind. Vor allem die eine: Der Priester greift nach einem kleinen weißen Plüschschaf, das die Medaille vom Berlin-Marathon trägt, und erzählt: »Ich habe immer gern Sport gemacht, aber ich war dick. Zu Spitzenzeiten habe ich 122 Kilo gewogen. Das ist eine schlechte Kombination.« Nach seinem Umzug nach Berlin bereitete ihm sein linkes Knie, das schon dreimal operiert war, wieder Probleme. Vier Ärzte untersuchten ihn und kamen zum Schluss: Wenn Operation, dann nur, um ein neues Kniegelenk einzusetzen. Er müsse aber mit mehreren Folgeoperationen rechnen, weil er noch jung sei und das künstliche Kniegelenk erneuert werden müsse. Ein Arzt aus der Charité unterbreitete ihm einen drastischen Vorschlag: Am besten das Bein jetzt schon amputieren und dann mit einer Carbon-Prothese weiterleben. »Das war für mich ein Schock!«

Drei Stunden und 56 Minuten beim Berlin-Marathon

Um das Knie zu entlasten, entschloss er sich, radikal abzunehmen und ließ sich sogar den Magen verkleinern. Nach der OP trainierte er seine Muskulatur und begann zu laufen. 2023 machte er seinen Traum wahr und lief in drei Stunden und 56 Minuten den Berlin-Marathon. Ob er sich bewusst ist, dass diese Geschichte wie ein Wunder klingt? »Ja, und ich bin mir sicher, dass Gott mich begleitet hat. Wenn wir auf Gott vertrauen und uns öffnen für seine Gnade, aber gleichzeitig auch das machen, was wir machen müssen, dann klappt es immer.« Dieses aktive Handeln neben der Kontemplation ist dem Ordensgeist der Herz-Jesu-Priester eingeschrieben: »Für uns ist sehr wichtig, dass wir jeden Tag eucharistische Anbetung halten und die Heilige Messe feiern. Unser Ordensgründer hat aber auch gesagt: ›Bleibt nicht in der Sakristei! Geht raus zu den Menschen!‹«

Vor zwei Jahren fragte ihn der brasilianische Provinzobere, ob er bereit wäre, nach Brasilien zurückzukehren. »Ja, ich bin bereit, wenn ich muss«, antwortete er. Längst ist seine Wahlheimat Deutschland geworden, auch wenn er gern nach Brasilien in den Urlaub fliegt, Zeit mit seiner Familie verbringt und sich mit einem Glas Caipirinha und in Badehose am Strand sonnt. »Wenn ich in Brasilien bin und meine Gemeinde dort besuche, dann fragen mich die Leute: ›Wetter anders, Kultur anders, Essen anders. Wie kann das sein, dass du dich als Brasilianer so wohl in Deutschland fühlst?‹ Ganz ehrlich: Ich kann es nicht erklären. Irgendwie ist Deutschland mein Zuhause geworden.« Was er sich für die Zukunft wünscht? »Mit 60 Jahren hat ein Priester in Brasilien immer noch gut zu tun. Das wünsche ich mir auch für mich: Wenn ich gesund bin, möchte ich hier bleiben und weiterarbeiten.«

»Bleibt nicht in der Sakristei! Geht raus zu den Menschen!«

Sabrina Becker

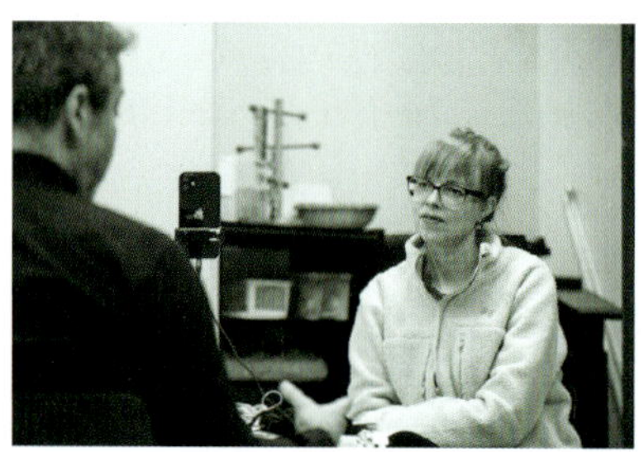

Sabrina Becker

Nordhessisches Gewächs und Journalistin mit Erfahrungen bei Zeitung, Radio und Fernsehen. Nach dem Germanistikstudium nach Berlin umgetopft und inzwischen im Erzbistum Berlin als Crossmedia-Redakteurin unterwegs. Mama von zwei Kindern, mit einem Faible für Pistazieneis und Holland. Mag alles Schöne und Gute – und Gott.

Lieblings-Sorte »Lourdes Gold«

Anna Wibbels *ist seit mehr als 20 Jahren Ministrantin. Sie sammelt Weihrauchkörner, hat schon zwei Päpste getroffen und mit dem Erzbischof über den CO_2-Ausstoß von Weihrauch geplaudert*

Bereits in der Antike galt Weihrauch als Duft der Götter. Bis heute sorgt er in den Gottesdiensten der Katholischen Kirche weltweit für mystische Festlichkeit: eine Brücke zwischen Himmel und Erde.

Für Anna Wibbels hat das Harz, das seit Jahrtausenden aus den Bäumen der Gattung Boswellia gewonnen wird, an diesem Vormittag allerdings einen sehr praktischen Aspekt: Im Christian-Schreiber-Haus in Grünheide vor den Toren Berlins erklärt sie jungen Ministrantinnen und Ministranten, wie man den Duft gekonnt und ohne sich zu verbrennen zur richtigen Zeit in die Luft des Kirchenraums bekommt. Dazu gehören das Bestücken des kleinen Fässchens und das Anzünden der Kohle. 19 Jugendliche zwischen 13 und 20 Jahren sind eine Woche lang für eine Fortbildung im Kinder- und Jugendbildungshaus des Erzbistums Berlin zu Gast. »Sie sind alle angehende Oberministrantinnen und -ministranten aus Berlin und Brandenburg«, erklärt die 29-Jährige aus Berlin-Hellersdorf. »Da sollte man den richtigen Umgang mit dem Weihrauchfässchen natürlich kennen.«

Und dafür sind sie bei der gelernten Zahntechnikern genau richtig. Anna Wibbels hat vor mehr als 20 Jahren, nach ihrer Erstkommunion in ihrer damaligen Pfarrgemeinde in Schöneiche bei Berlin, zu ministrieren begonnen. Seit neun Jahren ist sie Domministrantin, seit vier Jahren Gottesdienstbeauftragte. »Ich mache also das, was die Jugendlichen nachher in ihren Pfarreien machen, in der Sankt Hedwigs-Kathedrale beziehungsweise zurzeit in der ›Übergangskathedrale‹ St. Joseph«, erklärt sie.

Anna Wibbels ist ein Weihrauchfan. »Ich mag alles daran. Den Rauch, den Geruch, das Schwenken des Fässchens«, erzählt sie. »Ich habe sogar eine kleine Sammlung mit 25 verschiedenen Sorten bei mir zuhause in kleinen Gläschen stehen.« »Lourdes Gold« heißt ihr Lieblingsweihrauch, ein schwerer, festlicher Duft, eine der sechs Sorten Weihrauch, die bei Hochämtern in der Kathedrale zur Auswahl stehen. »Ich habe immer ein Tütchen dabei, und wenn ich irgendwo bin und eine Sorte sehe, die ich noch nicht kenne, dann nehme ich ein paar Körnchen mit.« Und worauf kommt es beim Weihrauch an? »Weihrauch ist Geschmackssache«, erklärt die Domministrantin, »ich mag zum Beispiel gerne auch welchen mit Lavendel. Andere wiederum mögen das überhaupt nicht. Dann gibt es Sorten, die qualmen, aber riechen kaum; andere riechen gut, aber es gibt kaum Rauch. Das macht für mich aber keinen Sinn. Der Rauch gehört dazu. Zum Glück kann man Weihrauch sehr gut mischen.«

Grundkurs Liturgie für Jugendliche

Es geht um mehr als Rauch in dieser Woche im Christian-Schreiber-Haus. Die Zusammenkunft der Jugendlichen lebt von der Gemeinschaft, von gemeinsamen Andachten, Ausflügen und dem Austausch untereinander. Auch um die Grundlagen des Gottesdienstes geht es. »Für mich ist ein liturgisches Grundverständnis wichtig. Man weiß zum Beispiel, dass man beim Evangelium mit einer Kerze neben dem Ambo stehen muss. Aber ich finde, ein Ministrant oder gerade eine Oberministrantin sollte wissen, warum man da eine Kerze hält. Und deshalb erklären wir hier auch, dass der Gottesdienst ein besonderer Ort ist, dass hier das Wort Gottes verkündet wird.« Doch vor allem steht die Gemeinschaft im Mittelpunkt: »Hier sollen alle eine gute Zeit haben, sich aufgehoben fühlen«, sagt sie über die gemeinsame Woche am See.

Sie selbst hat eine klassische katholische »Karriere« gemacht. Ihre Eltern sind katholisch, die Großeltern auch, ihr zweiter Vorname lautet Marie. »Ich bin in eine katholische Familie geboren und ganz traditionell getauft«, erzählt sie, »ich hatte meine Erstkommunion, und wir haben regelmäßig den Gottesdienst besucht.« Schon ihr Vater war Ministrant; Anna und ihre drei jüngeren Schwestern eiferten ihm nach. Später ist sie dann in ihre erste kirchliche Jugendgruppe »reingerutscht«, wie sie sagt, hat selbst als Teamerin gearbeitet. Vor ein paar Jahren hat sie mit Gleichgesinnten den Jugendverband »offene katholische aktive Jugend« (okaJ) mitgegründet. Bis heute ist sie dort im Vorstand aktiv und betreut im Erzbistum Jugendgruppen, die sich im Rahmen der Kirche engagieren wollen.

Auf dem schwarzen T-Shirt, das sie trägt, steht der Aufdruck »Nightfever« – eine Gebetsinitiative von Jugendlichen und jungen Erwachsenen, um Leute in die Kirchen einzuladen, die sonst kaum über eine Kirchenschwelle treten würden. Weil sie sich als Kind im Gottesdienst meist gelangweilt hat, hat sie überlegt, was man besser machen könnte. »Das war mit ein Grund, Ministrantin zu werden«, sagt sie, »dann kann man ein bisschen Einfluss nehmen.«

Vor allem schätze sie Priester, die in ihren Predigten spannend erzählen können und auf die Gemeinde eingehen. »Es gibt da große Unterschiede. Wir hatten welche, die schon im Kindergottesdienst Horrorgeschichten erzählt und den Kindern nur Angst gemacht haben. Andere stellen Fragen, beziehen dich mit ein, finden aktuelle Bezüge, das gefällt mir.« Zum Abschluss der Woche im Jugendhaus wird sie ihre erste Wort-Gottes-Feier halten. »Ich bin schon aufgeregt«, sagt sie, »es wird um den Dienst der Ministranten gehen. Mal schauen, wie es mir dann gelingt.« Gute Beispiele hat sie, und Tipps kann sie sich sonntags auch bei Erzbischof Heiner Koch oder den Mitgliedern des Metropolitankapitels holen, wenn sie in St. Joseph in Wedding ministriert. Das aber »lieber um 18 Uhr als morgens, ich schlafe lieber aus«.

»Für mich ist ein liturgisches Grundverständnis wichtig. Aber ich finde, ein Ministrant oder eine Oberministrantin sollte wissen, warum man da eine Kerze hält.«

»Der Bischof interessiert sich für uns«

Durch ihr Ehrenamt lernt sie den Erzbischof auch von einer privaten Seite kennen. »Man tauscht sich da auch mal aus«, sagt sie. »Bischof Koch ist jemand, der zuhören kann, sich für uns Ministrantinnen interessiert.« Sie erzählt zum Beispiel von Lebkuchen,

NIGHTFEVER

die der Erzbischof geschenkt bekam und dann unter den Ministranten verteilt hatte. Und natürlich geht es auch um Weihrauch: »Er hat wirklich Humor und witzelt schon mal darüber, dass man nicht so viele Körner nehmen soll, um Rohstoffe zu sparen«, plaudert sie aus dem Nähkästchens. Auch die Aktionen der »Letzten Generation« waren in diesem Zusammenhang schon Thema. »Da hat er gerätselt, ob wir in den Fokus der ›Klimakleber‹ geraten könnten, weil wir mit dem Rauch ja auch CO_2 freisetzen«, erzählt sie und lacht. Anna Wibbels mag ihren Dienst und die persönlichen Gespräche. Die Kathedrale ist ihr ein kleines zweites Zuhause geworden. »Am Anfang war ich hier noch total aufgeregt und nervös. Da sieht man den Bischof und ist ganz ehrfürchtig, und man weiß gar nicht, was man sagen soll. Und heute unterhält man sich mit ihm wie mit jedem anderen Priester auch.«

Aber auch Pannen gehören dazu. »An Ostern bin ich einmal auf dem Weg zum Osterfeuer in der Kirche über eine Kniebank gestolpert. Es war dunkel und komplett leise und mir ist dann leider ein spontanes ›scheiße‹ rausgerutscht«, erinnert sie sich. »Das war natürlich ein bisschen peinlich, aber zum Glück war noch keine Kohle im Fässchen, und ich habe mir nichts getan.«

Im Hauptberuf arbeitet die Hellersdorferin in einem kleinen Dentallabor in Ahrensfelde. Obwohl: Was Hauptberuf und was Ehrenamt ist, lässt sich nicht so leicht benennen. Denn so oft sie kann – in der Regel jeden Sonntagabend – ministriert sie. Mit zwei ihrer drei Schwestern und Mitministrantinnen tritt sie außerdem regelmäßig als kleine Band mit modernen geistlichen Kirchenliedern bei Gottesdiensten oder Jugendfeiern auf. Sie selbst an der Gitarre, ihre Geschwister spielen Klavier, Querflöte und Akkordeon.

Im Kinder- und Jugendbildungshaus ist sie ebenfalls regelmäßig im Einsatz und hilft, das Gelände in Schuss zu halten. »Das ist ein Arbeitsdiakonat«, erklärt sie, »das kann man sich als Hausmeisterdienst vorstellen, der am Wochenende von ehrenamtlichen Freunden des Hauses geleistet wird.« Das Christian-Schreiber-Haus hat einen großen Hof, es steht auf einem Wassergrundstück am Peetzsee, der den Ortsteil Alt-Buchhorst mit dem Kern von Grünheide verbindet. »Das ist ein großes Gelände«, sagt Anna Wibbels, »da schafft es der Hausmeister zum Beispiel im Herbst nicht immer, die ganzen Blätter zu laubharken. Wir sind eine Gruppe von Leuten, die einmal im Monat ehrenamtlich mithilft und Arbeiten erledigt. Man kennt das Diakonat aber vor allem von den Wallfahrten, die hier stattfinden.«

»Ich habe meine Freunde in der Kirche«

Für den einwöchigen Kurs rund ums Ministrieren hat sie sich extra Urlaub genommen. »Mir macht es Spaß mich einzubringen«, sagt sie, »ich habe meine Freunde in der Kirche und verbringe hier natürlich gern meine Zeit.« Aber ihr Chef frage manchmal schon, ob ihr das nicht irgendwann zu viel wird. Wird es nicht, denn »im Grunde sind auch meine Freunde in der Kirche aktiv. Ehrenamt und Freizeit vermischen sich da. Wir schauen auch mal zusammen Fußball oder unternehmen was.«

Und dann gibt es im Leben einer Ministrantin natürlich auch Höhepunkte. Bei Anna Wibbels gehören gleich zwei Treffen mit Päpsten dazu. Als Papst Benedikt XVI. im September 2011 Berlin besuchte und im Olympiastadion eine Heilige Messe feierte,

gehörte Anna Wibbels zu den rund 20 Ministrantinnen und Ministranten des Gottesdienstes. »Ich durfte den Flambeau halten«, erinnert sie sich. »Den Papst habe ich zwar nur gesehen, wenn er um den Altar lief, aber das war schon ein tolles Erlebnis.« Und nach dem Gottesdienst gab es sogar ein persönliches Treffen mit dem Kirchenoberhaupt. »Er ist nach dem Gottesdienst mit dem Fahrstuhl nach unten in die Katakomben des Stadions gefahren, und wir sind nach unten gelaufen.« Im Anschluss kam Benedikt und schüttelte allen Helfern die Hand. »Es gibt ein Foto davon, da stehe ich direkt neben dem Papst«, erzählt sie, »das ist natürlich schon cool und hängt bei mir zuhause an der Wand.« Auch mit Papst Franziskus gibt es ein gemeinsames Foto: »Das entstand bei einer Ministrantenwallfahrt nach Rom im Jahr 2018. Da stehen wir aber zufällig nebeneinander.«

So außergewöhnlich diese Momente auch sind, ihre Berufung sieht Anna Wibbels weder im Petersdom noch im Olympiastadion, sondern an Orten wie dem Gästehaus von Alt-Buchhorst. Fragte man sie, ob sie lieber in einem Papstgottesdienst ministrieren oder diese Gruppe Jugendlicher betreuen würde, »dann würde ich mich immer für die Gruppe entscheiden und mich darum kümmern, dass alle versorgt sind.«

*Björn Trautwein**

**über den Autor Seite 95*

Brückenbauer und Grenzgänger

René Pachmann *ist Hochschulseelsorger an der Europa-Universität Viadrina in Frankfurt (Oder). Der Theologe aus Jena hat unter anderem in der Ukraine und in Polen gelebt*

»Ich mag diesen Blick.« René Pachmann, Hochschulseelsorger an der Europa-Universität Viadrina in Frankfurt (Oder), steht am Geländer mit Blick auf den Fluss und das gegenüberliegende Polen. Die Brücke ist eines seiner liebsten Fotomotive. Das Wasser der Oder stößt sanft an die Pfeiler der Brücke, über die die Autos zwischen Deutschland und Polen hin- und herfahren. Das Nachbarland Polen liegt von deutscher Seite aus zum Greifen nahe. Im Sommer werden es drei Jahre sein, die René Pachmann hier mit seiner Familie lebt. »Ich bin Theologe, Ehemann und Vater, Radfahrer, Neu-Frankfurter, Leser, Polnischversteher« – so hatte sich René Pachmann auf der Internetseite der katholischen Gemeinde Heilig Kreuz damals vorgestellt. Gemeinsam mit seiner Frau und zwei Töchtern ist er von Berlin nach Frankfurt (Oder) gezogen. Der Theologe aus Jena hat unter anderem in der Ukraine und in Polen gelebt und war Ordensmann bei den Jesuiten. Aus dem Orden ist er ausgetreten, fühlt sich ihm aber weiter verbunden.

»Ich bin Theologe, Ehemann und Vater, Radfahrer, Neu-Frankfurter, Leser, Polnischversteher.«

Seine Ausbildung im Priesterseminar der Jesuiten bringt ihn zunächst in die Schulseelsorge. Doch René Pachmann will mehr und wird Gefängnisseelsorger in der Justizvollzugsanstalt Berlin-Moabit und dann in der JVA Berlin-Plötzensee. Auch dies ist eine Arbeit, bei der es um das Thema Grenzen geht. Grenzen gesetzt durch hohe Gefängnismauern, verschlossene Zellen und Inhaftierte. Er sucht den Kontakt mit Schwerverbrechern, mit Mördern, baut Vertrauen auf und hört zu, in Zellen, auf Fluren und nähert sich im Gespräch. Es entstehen Momente der Begegnung, auch mit Gott. Die Arbeit im Gefängnis bereichert den Seelsorger, bringt ihn aber auch an eigene Grenzen. Er verlässt mit der Familie die Hauptstadt und zieht an einen der östlichsten Punkte Deutschlands, nach Frankfurt (Oder).

Aus der Hauptstadt in die Grenzstadt an der Oder

Die Grenzstadt zur Republik Polen ist völlig anders als das quirlige Berlin. Die Aufgabe: neu und herausfordernd. Denn hier gibt es kaum Orte, die junge Menschen in der Stadt halten. Abends und am Wochenende wird nach Hause – wo immer dies sein mag, nur nicht hier – oder nach Berlin gependelt. Warum also in Frankfurt bleiben, wenn der Sehnsuchtsort Berlin doch alles bietet? Auch das prägt die Atmosphäre des Ortes, an dem der nun 44-jährige René Pachmann lebt und arbeitet.

Ein Anliegen, das ihn seit Jugendzeiten prägt, ist das soziale Engagement, das er gern auch den Studentinnen und Studenten der Universität Viadrina nahebringen möchte. Auf diese Weise »an die Ränder« zu gehen, wie es sich Papst Franziskus wünscht, und etwas für Benachteiligte zu tun – darin sieht der Seelsorger einen großen Sinn. Er möchte den Studierenden eine Heimat auf Zeit bieten. Zudem will er über den Berufsweg hinaus Orientierungshilfe geben. In diesem Sinne fragte er im Gottesdienst zur Semestereröffnung: »Welche Sehnsucht brennt in mir?« René Pachmann sucht auch hier den Dialog. Er schafft Angebote über die Grenzen hinaus. Und macht sich stark für Geflüchtete, die Frankfurt (Oder) mitunter nur als Durchgangsstation wahrnehmen.

Dem Grauen etwas Gutes entgegensetzen

Der russische Angriffskrieg gegen die Ukraine hat auch die Grenzstadt geprägt. René Pachmann kann sich gut daran erinnern, wie die ersten überfüllten

Züge mit Menschen aus der Ukraine ankamen: Menschen – völlig erschöpft, ausgelaugt und die nicht begreifen konnten, was in ihrer Heimat gerade passiert. Der Seelsorger packt an. Er verteilt erste Hilfspakete schon am Bahnhof, schafft Unterbringungsmöglichkeiten, nimmt selbst Geflüchtete auf. Er weiß, dass es nur der Anfang sein kann. Das entsetzliche Leid der Ukrainerinnen und Ukrainer steht dabei für ihn im Vordergrund, aber auch die Frage, wie und wo Möglichkeiten sind, dem Grauen etwas Gutes entgegenzusetzen.

So lädt er in seiner Gemeinde Heilig Kreuz immer wieder zum Gespräch ein und setzt auch sichtbare Zeichen in der ganzen Stadt. Zum Beispiel mit einem Straßenwörterbuch in Frankfurt und Słubice: In Polnisch, Deutsch und Ukrainisch sind Begriffe auf die Straßen gemalt, Wörter von »Sonne« bis »Zusammenhalt«. Dabei werden sprachliche Hürden fast spielerisch genommen. Man kann sich auf Entdeckungstour durch Frankfurt und durch die polnische Nachbarstadt Słubice begeben, die 1945 aus dem Frankfurter Stadtteil Dammvorstadt entstand. Und vor allem untereinander ins Gespräch kommen. Mit Hilfe von Ausstellungen, Kunstprojekten und Installationen im öffentlichen Raum schafft es der Theologe, Brücken zueinander zu bauen.

Kunst verbindet

Zum Beispiel ragt im Mai 2023 direkt an der Oderbrücke eine mit Glas bespickte Mauer heraus. Es handelt sich um die Kunstskulptur »Sorry« der polnischen Künstlerin Joanna Rakjakowskaja. Von oben sind die Schriftzüge deutlich zu erkennen, von vorn sind es graue Wände aus Beton. Immer wieder lädt der Seelsorger auch hier zu Gesprächen, zum Auseinandersetzen und dem Überwinden der eigenen Grenzen ein. Er sieht, was er in dieser Stadt alles tun kann. Zusammen mit Studentinnen und Studenten putzt er die in die Straßen eingelassenen Stolpersteine in Erinnerung an die deportierten und ermordeten jüdischen Mitbewohner der Stadt. Er organisiert Kunstauktionen, deren Erlös Geflüchteten zugutekommt, Mahnwachen und Demonstrationen. René Pachmann erhebt seine Stimme.

Kirche in der Stadtgesellschaft

Der Hochschulseelsorger erlebt tagtäglich, dass er seine Arbeit anpassen muss an die Erfordernisse des Einsatzortes. In der Diaspora, wo nur wenige Christinnen und Christen leben, geht es mehr darum, die Kirche in der Stadtgesellschaft präsenter zu machen. Auch sein Gottesbild hat sich entsprechend angepasst. Gott ist für ihn der Ursprung aller Dinge, der überhaupt einen Sinn stiftet. Im Gegensatz zu der Arbeit als Gefängnisseelsorger, bei der die Menschen »drin« waren, muss René Pachmann jetzt nach draußen gehen. Muss sichtbar und ansprechbar sein, wenn er Menschen erreichen will. Tag für Tag stellt er sich diesen besonderen Beziehungen und den Fragen, die bewegen. Er organisiert Demonstrationen für den Frieden in Frankfurt (Oder), erhebt auch hier seine Stimme. Die Zeichen des Friedens reichen von Kerzen, Plakaten, blau-gelben und Regenbogenfahnen bis hin zu stillem Gedenken und Gebet. Der Seelsorger findet Worte der Hoffnung.

In Bewegung bleiben, das will René Pachmann. Er läuft mit den Themen der Zeit mit. Setzt sich zum Beispiel mit den Forderungen von Klimaaktivisten auseinander und versucht, auch im Schutz und in der Bewahrung der Schöpfung den Samen Gottes auszusäen. Er öffnet Freiräume für Begegnung und Dialog. Eine herausfordernde und kräftezehrende Aufgabe. Es braucht auch hier Menschen, die das mittragen und auch erlebbar machen.

René Pachmann bleibt in Bewegung. Er läuft Kilometer um Kilometer entlang der Oder. Morgens, wenn der Tag beginnt, oder auch mit dem Einbruch der Dämmerung zieht ihn der Fluss in seinen Bann.

Hier kann er abschalten, den Kopf freibekommen, sich neu ordnen. Auf die Frage, ob er eher Brückenbauer oder Grenzgänger ist, muss René Pachmann dann doch einen Moment überlegen. Mit Blick auf das, was er beruflich erlebt, und was ihn geprägt hat, ist er beides.

Wir stehen an der Oder mit Blick ins Nachbarland Polen. Sanft fließt das Wasser dahin. Die Glocken der Heilig-Kreuz-Kirche läuten. René Pachmann blickt auf die Uhr. Er muss weiter. Ein letzter Blick: »Ich verstehe mich als Brückenbauer, und ich finde, das beschreibt mein Leben und mein Wirken ganz gut.«

Susanne Trotzki

Susanne Trotzki

verantwortet seit 2013 die Hörfunkreihe »Kirchplatz« des Erzbistums Berlin beim christlichen Sender Radio Paradiso. Im Laufe ihrer fast zwanzig Jahre als Redakteurin beim Hörfunk kommt sie gerne ins Gespräch und gibt denen eine Stimme, die jeden Tag Kirche bei uns erlebbar machen.

»Ich weiß, wie sich Leere anfühlt«

Viktoria Szewczyk *war in ihrer Schulzeit so schwer depressiv, dass sie sterben wollte. Heute berät sie bei der Caritas junge Menschen, die an Suizid denken*

Sie ist eine offene und reflektierte junge Frau mit wachen, sympathischen Augen. Mit ihren 20 Jahren wirkt sie reif und lebensklug. Als sie 15 war, versuchte sie, sich das Leben zu nehmen: »Es gab viele familiäre Probleme«, erzählt sie. »Meine Mutter war Alkoholikerin. Das war für mich, meine zwei Jahre jüngere Schwester und meinen Vater enorm belastend.« Die Mutter starb an den Folgen der Krankheit.

Viktoria Szewczyk kam in eine neue Schule. Dort wurde sie zunächst gemobbt. Eine Klassenlehrerin habe das zwar sofort bemerkt und recht schnell eingegriffen. »Mir ging es trotzdem sehr schlecht«, erinnert sie sich. »Ich verletzte mich selbst und hatte Suizidgedanken.« Weder ihren Freunden noch ihrer Familie wollte sie sich anvertrauen. Aus Angst. Angst davor, nicht ernst genommen zu werden. Es habe in der Schule einige Leute gegeben, die sich selbst verletzt und das offen herumgezeigt hätten. Zu denen wollte sie nicht gehören. Es hieß, die wollten nur Aufmerksamkeit.

»Im familiären Umfeld hatte ich Angst davor, dass nicht anerkannt wird, dass es so etwas wie psychische Erkrankungen überhaupt gibt«, erzählt die junge Frau. »Dass ich Ärger oder Wut zu spüren bekomme.« Sie rutschte immer tiefer in die Depression, kam nach ihrem Suizidversuch in eine Klinik, machte eine Therapie. Und war überrascht darüber, wie viel Verständnis und Unterstützung sie von ihrer Familie und ihren Freunden bekam. Ihre Krankheit habe die Familie zusammengeschweißt: sie, ihren Vater, ihre kleine Schwester.

»Ich bin überzeugte Atheistin«

In dieser tiefen existentiellen Krise habe sie keinen Halt im Glauben finden können. »Ich bin getauft«, erzählt Viktoria Szewczyk, »und habe an einer katholischen Schule Abitur gemacht.« Sie feierte Erstkommunion und war Ministrantin. Sie stellte all das nicht in Frage, weil es in ihrer katholischen Familie, die aus Polen stammt, zur Tradition gehörte. Etwa mit neun Jahren habe sie in der Kinderbibel gelesen. Die Genesis, die dort die Entstehungsgeschichte der Erde schildert, überzeugte sie nicht. »Ich dachte, das ergibt keinen Sinn. Man weiß doch, dass die Welt durch den Urknall entstanden ist«, meint sie. Schon als Kind interessierte sie sich für diese Themen, fand das Weltall äußerst spannend. Sie wollte Astrophysikerin werden. Ab und zu habe sie auch in anspruchsvoller astronomischer Literatur geblättert, auch wenn sie davon nicht viel verstanden habe.

»Für mich stand sehr früh fest, dass es keinen Gott geben kann«, sagt sie. »Ich dachte zunächst, vielleicht ist das Christentum nicht meins, und habe meine Schwester zu Messen begleitet.« Der Zweifel sei jedoch geblieben. Sie habe keinen Zugang zu Religionen gefunden. Auch nicht zu Islam, Buddhismus oder Hinduismus, mit denen sie sich beschäftigt habe. Vor etwa einem Jahr trat sie aus der Katholischen Kirche aus. »Ich bin überzeugte Atheistin«, sagt sie heute von sich.

Durch die Therapie und die große Unterstützung aus ihrem Umfeld ging es Viktoria Szewczyk nach ihrer depressiven Phase immer besser. Sie lernte, auf sich und auf ihre Bedürfnisse zu achten. Inzwischen studiert sie Chemie, geht tanzen und züchtet Gemüse auf dem Balkon. Mit Freunden spielt sie Science-Fiction-Tischspiele.

Außerdem sprüht sie mit ihrem besten Freund Graffitis. »Es gibt in Berlin noch sehr viele Wände, auf denen das erlaubt ist«, sagt sie. Das mache ihr große Freude. Dabei sei sie im Flow. »Taggen« nennen Graffiti-Künstlerinnen und -Künstler das Sprühen. »Meist tagge ich mein Pseudonym, das jeder Sprayer und jede Sprayerin hat, in verschiedenen Farbkombinationen«, erzählt Viktoria Szewczyk. Groß und bunt. Das letzte sei schwarz-blau gewesen mit gelb-weißen Farbinseln. »Wenn sich dunkle

Gedanken anbahnen, dann widme ich mich nur Dingen, die mir Spaß machen.« Sie sagt: »Früher hatte ich zwar Freunde, aber keine Hobbys und deshalb viel Zeit, mich mit mir selbst zu beschäftigen.« Das tue sie jetzt zwar auch, aber in einem gesunden und sinnvollen Ausmaß.

Das Projekt U25 der Caritas

Doch sich nur um sich selbst zu kümmern, reiche ihr nicht. »Ich habe viele schlimme Dinge erlebt, aber die bekommen einen Sinn, wenn ich mit meinen Erfahrungen anderen helfen kann.« Sie wurde auf das Projekt U25 des Caritasverbandes für das Erzbistum Berlin e.V. aufmerksam und begann dort eine mehrmonatige Ausbildung. Seit 2019 berät sie unter 25-Jährige, die unter Depressionen leiden und Suizidgedanken haben. Diese können sich bei U25 unkompliziert per E-Mail melden und sich ihre Gefühle von der Seele schreiben. Viktoria Szewczyk schreibt zurück. »Gerade habe ich zwei Ratsuchende«, berichtet sie. »Ich brauche zwei bis drei Stunden pro Mail, mache mir wahnsinnig viele Gedanken und gebe mir viel Mühe.« Die meisten Ratsuchenden melden sich nur einmal. Dass ihre E-Mails Abschiedsbriefe sein könnten, glaubt die ehrenamtliche Caritas-Mitarbeiterin nicht. »Wenn sich jemand hinsetzt und alles, was ihm auf der Seele liegt, aufschreibt, dann bringt das auch schon was. Es entlastet.«

Manche Korrespondenzen bestehen über Monate oder Jahre. Und hören dann oft abrupt auf. Die Beraterin hofft, dass die Ratsuchenden in der Zwischenzeit anderweitig Hilfe gefunden, möglicherweise auch eine Therapie begonnen haben. »Jeder Fall ist individuell, trotzdem gibt es Probleme, die häufiger auftreten«, berichtet sie. »Probleme mit den Eltern, Druck in der Schule oder bei der Arbeit.« Die Corona-Pandemie habe die Probleme noch verstärkt, beispielsweise weil man lange Zeit aufeinander hockte: »Ich kann mir vorstellen, dass da Spannungen entstehen.«

Suizidrate in Berlin bis 2030 um ein Drittel senken

Das Beratungsangebot von U25 gibt es seit zehn Jahren. Es wird gut angenommen. Wie Viktoria Szewczyk engagieren sich dort derzeit rund fünfzig ehrenamtliche Peers, also junge Menschen unter 25, die andere junge Menschen unter 25 beraten. U25 ist mit der Berliner Fachstelle Suizidprävention der Caritas vernetzt. Diese Fachstelle hat sich 2022 aus dem Netzwerk für Suizidprävention Berlin heraus gegründet. Sie wird von der Senatsverwaltung für Wissenschaft, Gesundheit und Pflege gefördert.

Ziel der Fachstelle ist es, die Suizidrate in Berlin bis 2030 um ein Drittel zu senken. Laut Statistik nahmen sich im Jahr 2021 von 100 000 Berlinerinnen und Berlinern im Durchschnitt etwa zwölf das Leben. »Unsere Vision ist eine Stadt, die psychische Gesundheit ernst nimmt und diese in allen gesellschaftlichen Bereichen fördert«, heißt es auf der Homepage der Fachstelle.

Psychische Gesundheit ernst nehmen. Das ist auch Viktoria Szewczyk wichtig. Sie empfiehlt, genau hinzuschauen und hinzuhören bei Kindern und Jugendlichen. Und konkret nachzufragen – gerade wenn Suizidgedanken geäußert werden.

»Ich habe viele schlimme Dinge erlebt. Aber die bekommen einen Sinn, wenn ich mit meinen Erfahrungen anderen helfen kann.«

Heute sieht sie Depressionen und Suizidgedanken nicht mehr als Teil ihrer Persönlichkeit, wie sie das noch vor einigen Jahren tat. Aber sie weiß, dass es vielen jungen Menschen ähnlich geht wie ihr damals, als sie sterben wollte. »Ich kann mich in ihre Lage hineinversetzen, weil ich weiß, wie sich Leere anfühlt, weil ich mich selbst jahrelang leer gefühlt habe.«

Den »schwarzen Hund« zähmen

Sie weiß, wie wichtig es ist, dass jemand da ist, der einen versteht. Ihr Leben wäre vermutlich anders verlaufen, glaubt sie, hätte sie damals das Beratungsangebot U25 gekannt. »Ich kann die Vergangenheit nicht mehr ändern, aber ich kann für eine bessere Zukunft kämpfen«, sagt sie. »Eine Zukunft, in der man über einen Termin beim Psychotherapeuten genauso offen spricht wie über einen Termin beim Physiotherapeuten.« Eine Zukunft, in der psychische Erkrankungen weder stigmatisiert noch totgeschwiegen werden.

Ihre Depression nennt sie ihren »schwarzen Hund«. Sie ist froh und erleichtert, ihn endlich gezähmt zu haben. Depressionen und Suizidgedanken sieht sie nicht mehr als Teil ihrer Persönlichkeit. Im Gegenteil. Sie kann sich kaum noch vorstellen, dass sie vor

einigen Jahren Depressionen für eine ihrer festen Charaktereigenschaften gehalten habe. Über ihre Erfahrungen mit der Krankheit spricht sie sehr offen. Auch in der Öffentlichkeit. Im Berliner Bode-Museum hielt sie 2022, als dort die neue Berliner Fachstelle Suizidprävention vorgestellt wurde, eine bewegende Rede.

Viktoria Szewczyk ruft jeden auf, im Familien- und Freundeskreis genau hinzuschauen. »Oft sind es kleine Signale, die anzeigen, dass es einer Person psychisch schlecht geht«, weiß sie. Dazu gehöre verändertes Verhalten, etwa sozialer Rückzug, mehr Alkohol- oder Drogenkonsum oder eine kleine Bemerkung am Rande, die stutzig mache. Die Sensibilität und Akzeptanz für Menschen mit Depressionen sei inzwischen gestiegen. »Und dennoch sollte uns allen bewusst sein«, betonte die ehrenamtliche Caritas-Mitarbeiterin in ihrer Rede im Bode-Museum, »dass in dieser Sekunde unzählige Menschen in Deutschland genau dasselbe Gefühl empfinden, wie ich es damals empfunden habe.«

Aus heutiger Sicht würde Viktoria Szewczyk ihrem schwer depressiven 14-jährigen Ich raten: »Halte durch! Es wird besser.«

*Carmen Gräf**

**über die Autorin* *Seite 80*

Katholisch, links, heimatverbunden

Georg Dinter *erzählt vom Christsein in der DDR, von Montagsdemos, den wilden 1990er Jahren und warum ein Handwerker auch Seelsorger ist*

Nein, nicht jede Leidenschaft wird vererbt. Georg Dinter weiß das. Sein Großvater war der bekannte DDR-Radrennfahrer Paul Dinter, der unter anderem mehrfach bei der renommierten Internationalen Friedensfahrt mitfuhr. Seine Karriere fand ihr jähes Ende, als der bekennende Katholik sich weigerte, eine Verpflichtung zu unterschreiben, die Jugend im sozialistischen Geiste zu erziehen. Sein Opa sei ihm ein großes Vorbild gewesen, erzählt Georg Dinter. »Zugleich war es eine Bürde, die man mit dem Namen trägt. Egal, wo man hinkommt: Man wird darauf angesprochen.« Er selbst mochte den Radsport gar nicht so sehr. »Meinem Opa zuliebe bin ich noch ein bisschen gefahren, aber mehr auch nicht.«

Dafür führt der 47-Jährige das Vermächtnis seines Großvaters auf andere Weise fort. Denn genau wie seinerzeit Opa Paul ist auch Georg Dinter in der Gegend um Königs Wusterhausen tief verwurzelt. Hier ist er zur Schule gegangen, hier hat er vor 23 Jahren seine Frau Anja geheiratet und mit ihr eine Familie gegründet, hier haben seine drei Söhne, der älteste 23, der jüngste 14 Jahre alt, das Licht der Welt erblickt. Seine Frau sah er zum ersten Mal, als sie in jungen Jahren mit ihrer Eichwalder Pfarrgemeinde zu Besuch in Königs Wusterhausen – kurz KW genannt – war. »Wir leben sozusagen die Gemeindefusion«, sagt er lachend in Anspielung auf die Zusammenlegung beider Nachbargemeinden zur neuen Pfarrei Zur Heiligen Dreifaltigkeit Königs Wusterhausen/Eichwalde.

Heimat in der Pfarrgemeinde

Seine Pfarrgemeinde St. Elisabeth war für ihn immer die zweite Heimat. »Es ging los bei mir mit der ›Frohen Herrgottstunde‹, über die RKW (Religiöse Kinderwoche), die Ministranten- und Glaubensstunde mit Pfarrer Johannes Müller. Es war alles sehr familiär, jeder kannte jeden.« Die Wege in die Gemeinde waren für ihn denkbar kurz. »Meine Familie wohnte hier gleich in der Straße, da ist man immer auf Abruf gewesen, zum Beispiel, wenn sie für eine Beerdigung auf dem Dorf noch einen Ministranten

AUTHENTIC
COLLECTION

brauchten«, erzählt Georg Dinter. Seine Kindheit war behütet. Seine Mutter legte sich für ihn bei der Schulleitung ins Zeug, sorgte dafür, dass Georg nicht zu den Pionieren musste und dass die schulischen Wehrsportübungen an ihm vorübergingen.

Im Teenager-Alter, als die Auflösungserscheinungen des DDR-Systems zunahmen, begann er, sich politisch zu interessieren. »Dank meiner Mutter habe ich die Montagsdemonstrationen, die es auch in KW gab, sehr bewusst wahrgenommen. Es war eine aufregende Zeit«, erzählt Georg Dinter. »Im Nachhinein betrachtet hat sich die Katholische Kirche ein bisschen zu sehr weggeduckt«, findet er. Die evangelischen Christen seien in der Demokratiebewegung aktiver gewesen, auch bei den Demos in KW.

Ins Schwärmen gerät er, wenn er über die Zeit nach dem Mauerfall erzählt. Damals habe sich in der Kirchengemeinde eine »unfassbar engagierte Jugend« herausgebildet. Ein großes Pfund sei Daniel Hasselberg gewesen, ein junger Mann aus der Gemeinde, der mit seiner Ausstrahlung den Ton angegeben habe. »Er hat sich mächtig für uns ins Zeug gelegt«, erzählt Georg Dinter. Er erinnert sich an abenteuerliche Reisen mit Ikarus-Omnibussen nach Rom, nach Budapest, nach Prag.

Großen Anteil an der lebendigen Jugendarbeit habe der damalige Pfarrer Johannes Müller gehabt. »Wir haben ihn als Vaterfigur, fast schon als Patron wahrgenommen.« Doch der Platz für die engagierte Jugend war begrenzt. Immerhin: Eine alte Baracke am Sportplatz, früher in FDJ-Hand, war frei geworden. Sie wurde zu einem Ort für die Jugend der Gemeinde und auch aus ihrem »Dunstkreis«, der keineswegs nur aus Katholiken bestand.

Mit »Pali-Tuch« war man eine »Zecke«

Denn auch in KW hatte sich in den 1990er Jahren eine linke Szene gebildet. »Von diesem Umfeld bin ich geprägt worden. Viele von uns waren bekennend links und auch so gekleidet.« Mit ihrem Kleidungsstil blieben Georg Dinter und seine Freunde nicht unbemerkt: »Wenn du ein ›Pali-Tuch‹ getragen hast, bist du ja als ›Zecke‹ bei der lokalen Neonazijugend Mode gewesen.« Zweimal eskalierte es. »Mit Stöcken bewaffnet überfielen sie uns in der Baracke, drohten uns Schläge an«, schildert er.

Nach dem zweiten Überfall habe Pfarrer Müller dann die Reißleine gezogen. »Er hatte die Idee, auf dem freien Stückchen Wiese auf dem Gelände der Pfarrgemeinde zu bauen, damit wir fortan einen geschützten Rahmen hätten.« 1995 begannen die Planungen, zwei Jahre später stand der neue Flachbau. Wenn er daran zurückdenkt, leuchten bei Georg Dinter die Augen. »Wo sich jetzt die Bodenplatte befindet, standen wir knietief im Fundament. Ein riesiger Mischer kam aufs Grundstück gefahren, hat seinen Dreckschlauch rausgehauen, und wir haben das Zeug verteilt. Eine wunderbare Zeit!« Seine jungen Jahre von da an so nah an der Gemeinde verbracht zu haben, sieht Georg Dinter heute als großes Geschenk.

»Kreuzritter« gegen »Radiofritzen«

Seitdem hat er mit dem »proFete« – so der Name des Treffpunkts, der mehr und mehr zum Jugendzentrum wurde – viel auf die Beine gestellt. Als die Fußball-WM 1998 bevorstand, gewann er beim rbb-Radio Fritz ein Quiz. Der Hauptpreis: ein Heimspiel gegen die Redaktion. Erst in der »dritten Halbzeit« am Getränkestand mussten sich die »Kreuzritter« aus KW den »Radiofritzen« knapp geschlagen geben. Noch heute staunt Georg Dinter, welche Kreise das Spiel gezogen hatte: »Auf einmal schauten uns da tausend Neugierige zu.«

Noch größer war das Interesse der Stadtgesellschaft an »Flotte Notte«, der großen Floßparade auf dem Nottekanal, bei dem er als Teil der Jury vor mehr als dreitausend Leuten am Kanalufer die schönsten und kreativsten Flöße auserkor. Ebenfalls fest zum proFete-Leben gehörten kleine und große Rock-Konzerte, auch mit überregional bekannten Bands wie »Mutabor«, »Hasenscheiße« oder Eric Fish, Sänger der bekannten Potsdamer Band »Subway to Sally«. Nur einmal gab es Ärger, als eine der besonders dunkel gekleideten Metalbands sich einen Scherz erlauben und das an der Wand hängende Kreuz umdrehen wollte. Da war für Georg Dinter Schluss mit lustig. »Ich war kurz davor, die Veranstaltung abzubrechen. Zum Glück haben sie sich danach wieder benommen«, weiß er noch.

Überraschung: Das ist katholisch!

Auch bei der jährlichen Höfenacht, in der in Königs Wusterhausens Hinterhöfen Kulturveranstaltungen stattfinden, war proFete mit von der Partie. »Lasst uns doch mal die Kirche aufmachen«, schlug einmal einer vor. Gesagt, getan. Die beiden Freiwilligen aus der Gemeinde, die die Kirche aufschlossen, hätten sich gar nicht retten können vor neugierigen Fragen: Seid ihr wirklich katholisch? Das ist katholisch? Zur Überraschung beigetragen, vermutet Georg Dinter, hat auch die Gestaltung der Elisabethkirche. »Ihr Inneres ist ja wirklich spartanisch, ohne irgendwelchen Prunk. Dafür ist sie aber umso liebevoller eingerichtet. Ich kenne keine schönere Kirche als unsere«, sagt er mit einem leichten Schmunzeln. Mit solchen niedrigschwelligen Aktionen will er nach außen deutlich machen: »Wir Katholiken, wir Christen sind nicht von einem anderen Stern, sondern wir haben halt den Herrn im Gepäck.« Viele Leute wüssten gar nicht, wie viel Positives »der liebe Gott« in ihr Leben bringen könne. Er ist überzeugt: »Als Kirche verschanzen wir uns viel zu sehr hinter hohen Mauern.«

»Im Scherz habe ich meinen Jungs mal gesagt: ›Mit zwei Dingen würdet ihr mir richtig wehtun: Wenn ihr Nazis werdet oder wenn ihr aus der Kirche austretet.‹«

Handwerk, Medizin und Seelsorge

Mit Menschen im Gespräch zu sein ist Georg Dinter wichtig. Auch in seinem Beruf. Seit 2001 arbeitet der gelernte Orthopädietechniker bei einem Berliner Produzenten von Arm- und Beinprothesen. Heute ist er Geschäftsführer und Mitinhaber, trägt Verantwortung für 60 Mitarbeiter an vier verschiedenen Standorten. Täglich fährt er von Königs Wusterhausen nach Spandau zur Arbeit, manchmal auch zu Einrichtungen außerhalb Berlins, zum Beispiel nach Beelitz.

Seinen Beruf sieht er als »Mischung aus Handwerk, Medizin und Seelsorge«. Die körperliche Notlage gehe bei vielen seiner Patienten einher mit einer seelischen: »Das sind dann einsame Menschen, für die man fast die einzige Bezugsperson ist. Viele haben harte Schicksalsschläge erlebt.« Für sie will Georg Dinter nicht nur mit seinen Prothesen da sein. »Ich versuche, mit ihnen zu schauen: Wie könnten wir ein bisschen mehr Sonne ins Leben hineinbringen?« Dabei bezieht er auch Beratungsstellen ein.

Bei diesen Bemühungen, sagt er, helfe ihm seine christliche Erziehung. »Ich denke mir: Vielleicht will dir Jesus in diesem Menschen, in solchen Situationen, begegnen.« Aus seinem Glauben mache er keinen Hehl. »In sehr persönlichen Gesprächen frage ich schon mal nach: ›Wenn Sie so allein sind, gibt es da jemand anderen, der in Ihrem Leben ein Fundament ist?‹« Überhaupt nicht, laute meist die Antwort. »Dann sage ich: ›Ich schließe Sie heute in mein Abendgebet ein.‹« Die meisten Patienten reagierten freudig überrascht. Manchmal seien es auch ganz kleine Gesten. Einer jungen Frau, deren Partner gerade verstorben sei, habe er einen Schutzengel auf den Nachttisch gelegt. »Später hat sie mir erzählt, dass sie den jetzt immer dabeihat und er ihr Mut macht.«

Dass die Kirche in der heutigen Gesellschaft immer weniger Menschen erreicht, beschäftigt ihn sehr. Ebenso wie die zunehmende Vereinsamung. Er erzählt von einem Besuch bei einem Patienten im Spandauer Neubaugebiet Falkenhagener Feld. »Du stehst in der 26. Etage dieses riesigen Hochhauses, siehst diese acht Einraumwohnungen und fragst einen Bewohner: Kennt ihr euch hier oben eigentlich? Und er entgegnet: Nein, ich kenne hier gar keinen.« Auch die Kneipenkultur, die er als Begegnungsmöglichkeit schätzt, sei mit der Zeit ein wenig verloren gegangen. »Es geht ja um das Zusammenkommen, den Austausch verschiedener Ansichten«, sagt er.

Die politische Entwicklung bereitet ihm Sorge. Als er letztens in Thüringen unterwegs gewesen sei, habe er nur die AfD als präsent wahrgenommen. Er befürchtet, dass die Partei mit ihren Parolen Anklang bei konservativeren Katholiken findet. »Teilweise sehe ich die Gefahr, dass Rechte bei uns offene Türen einrennen, wenn sie behaupten, das christliche Abendland schützen zu wollen.«

Auszeiten im Kloster Alexanderdorf oder im Karmel Dachau

Wenn ihm alles zu viel wird, hat Georg Dinter Orte, die ihm Kraft spenden. Jedes Jahr nimmt er sich eine Auszeit im Kloster, im Karmel Dachau oder bei den Benediktinerinnen in Alexanderdorf. »Für mich sind das Inseln, wo ich mit meinem lieben Gott allein bin. Ohne solche Orte würde ich all das gar nicht überstehen.«

Neue Energie verleihen ihm auch die Reisen nach Irland. Die Atlantikküste entlang, zu Fuß mit dem Rucksack oder mit dem Rad – auf der grünen Insel fühlt sich Georg Dinter heimisch. Natürlich besucht er auch Gottesdienste: »Egal wo: Ich suche mir eigentlich immer eine Heilige Messe. Das ist für mich ein Ankommen, ein Zuhause.« Vielleicht liege es auch daran, dass er sich nicht als »Weltenbummler« sieht. »Was den Ort betrifft, bin ich nicht weit gekommen. Ich bin hier in KW geblieben«, sagt Georg Dinter. Und fügt lachend hinzu: »Wahrscheinlich werde ich hier auch rausgetragen.«

Seiner Frau und ihm ist es wichtig, den Glauben an ihre drei Söhne weiterzugeben. »Im Scherz habe ich meinen Jungs mal gesagt: ›Mit zwei Dingen würdet ihr mir richtig wehtun: Wenn ihr Nazis werdet – oder wenn ihr aus der Kirche austretet.‹« Dass die Jugend mit Gott am Ball bleibt, findet er, kommt nicht von allein. Es brauche diese besonderen Erlebnisse. Wie eine Fahrt zum Weltjugendtag, die sein Sohn Benno im vergangenen Jahr mit der Pfarrjugend nach Lissabon unternahm. Georg Dinter fuhr als Leiter der Ministrantenarbeit mit. »Die Reise hat bei Benno großen Eindruck hinterlassen«, erzählt er. »Auf der Rückfahrt hatten wir in München einen

Zwischenstopp eingelegt und eine Heilige Messe besucht. Es war kein Ministrant da, also sprang Benno ein. Weil er noch sein T-Shirt vom Weltjugendtag anhatte, fragte ihn der Pfarrer, ob er danach von seinen Erlebnissen erzählen möchte.« Es habe sich eine große Traube um seinen Sohn gebildet, der begeistert von seinen Erfahrungen erzählte. »So kann man die Flamme in seinen Alltag mitnehmen«, sagt Georg Dinter. »Es braucht diese Begeisterung, damit es nicht nur heißt, wie schlimm alles ist.«

*Stefan Schilde**

---

* *über den Autor Seite 64*

Ein ganzes Leben Herz Jesu

Die Gemeinde Herz Jesu im Prenzlauer Berg ist für ihn mehr als ein Gebäudekomplex, mehr als eine Kirche Es ist der Lebensmittelpunkt von **Matthias Kohl**

»Ach, den Termin hatte ich mir gar nicht aufgeschrieben. Gut, dass ich eigentlich immer da bin«, begrüßt Matthias Kohl an der Pforte der Gemeinde Herz Jesu im Prenzlauer Berg. Die Berliner Straßenfrontkirche gehört seit mehr als 125 Jahren zum Kiez, und seit seiner Taufe 1962 gehört Matthias Kohl zu Herz Jesu. Hier hat er Erstkommunion und Firmung gefeiert, war Ministrant und Jugendsprecher, hat geheiratet, sind seine Kinder groß geworden und, »wie es aussieht, werde ich hier auch beerdigt«. Seit 1983 arbeitet er in der Gemeinde auch hauptberuflich. Herz Jesu ist für ihn mehr als ein Gebäudekomplex, mehr als eine Kirche, Herz Jesu ist sein Lebensmittelpunkt.

Auf der Webseite der Gemeinde steht, dass Matthias Kohl Verwalter und Sekretär ist. Tote Steine interessieren ihn dabei weniger; er kümmert sich am liebsten um Menschen. In seinem kleinen Büro mit hohen Regalen voller Aktenbände und Bücher klingeln Telefon und Handy im zügigen Wechsel. Für die einen ist er der Erstkontakt zur Kirche, für die anderen der Antwortgeber auf fast alle Fragen: »Von mir als Hauptamtlichem werden Ehrenamtliche sofort bedient.« Er möchte niemanden mit dem Gefühl zurücklassen, gegen Mauern zu rennen. Der direkte Kontakt und konkrete Unterstützungsangebote sind ihm wichtig, gerade wenn immer weniger Menschen bereit sind, sich in der Kirche einzubringen. Mit seinem langjährigen Pfarrgemeinderatsvorsitzenden hat er fast täglich telefoniert, Sorgen und Herausforderungen besprochen, aber auch gemeinsam neue Ideen entwickelt.

Kein FDJ-Mitglied – kein Abitur

Nach der Schule will Matthias Kohl Chemie studieren. Von den 30 Schülern in seiner Klasse dürfen jedoch nur drei Abitur machen. Das Vorstellungsgespräch für einen Ausbildungsplatz in einem Chemie-Kombinat endet zügig mit der Frage nach der FDJ-Mitgliedschaft. Seine deutliche Verneinung sorgt für große Aufregung. »Wir gehen«, sagt er zu seiner Mutter, die ihn begleitet. »Ich wollte keinen Stress haben, weil ich mich mit dem Staat nicht eingelassen habe.« Die beiden stehen auf und gehen wirklich. Die Klarheit in solchen Situationen versteht er nicht als Widerstand gegen die SED-Diktatur, aber »da, wo der Staat ein politisches Zeugnis einforderte, verweigerten wir uns. Ich bin froh, dass ich das durchgehalten habe.«

Nach einem beruflichen Intermezzo als Polsterer bekommt Matthias Kohl 1983 die Möglichkeit, Küster und Hausmeister in der Pfarrei Herz Jesu

zu werden. Er, der ohnehin sieben Tage die Woche in der Gemeinde aktiv ist, nutzt die Chance und findet seine berufliche Nische. Eine Dienstwohnung gehört auch zur Anstellung, zum Glück, wie er sich lachend erinnert: »Das war auch nicht so einfach, eine Wohnung für die Familie zu finden zu DDR-Zeiten, fast so wie jetzt.« Der kurze Arbeitsweg von der zweiten Etage ins Erdgeschoss ist folgenreich: »Es gab Tage, an denen ich überhaupt nicht herausgekommen bin aus diesem Objekt.«

Doch natürlich ist Matthias Kohl auch außerhalb der Kirche unterwegs. Die Genealogie ist sein Hobby, die eigene Familiengeschichte hat er bis ins Jahr 1655 rekonstruiert. Für seine Arbeit in Herz Jesu hat er dabei gelernt, dass es »eigentlich auf alles ankommt«, will man ein Kirchenbuch akkurat pflegen. Für ihn kann ein Kirchenbuch ein verlässlicher und verständlicher Wissensspeicher der Generationen sein. »Wenn ich etwas mache, mache ich es richtig oder gar nicht«, ist so ein Satz, der erklärt, weshalb er die Interessengemeinschaft Genealogie Berlin 1986 mitbegründet hat und sich dort bis heute engagiert.

9. November 1989: Matthias Kohl radelt in den Westen

Matthias Kohls persönliche Berlin-Chronologie kennt vor allem einen Höhepunkt: die Friedliche Revolution. »Ich kann mit Fug und Recht behaupten, dass ich einer der Ersten im Westen war«, denn er radelte am 9. November 1989 zur Bornholmer Straße, und als die Schlagbäume hochgingen, fuhr er mit dem Rad den Menschenmassen Richtung Westen voraus. Drüben war noch alles verschlafen, niemand war unterwegs. Die erste Tour seines Lebens durch Westberlin führt ihn bis zum Ku'damm und endet schließlich am Brandenburger Tor feiernd auf der Mauer. »Das war grandios. Das war für mich das Größte«, schwärmt er von dieser historischen Nacht. Der Fall der Mauer kam für den jungen Familienvater genau zum richtigen Zeitpunkt: »So wie ich mich dem Staat entzogen habe, wollte ich natürlich auch, dass sich meine Kinder entziehen und ohne politische Beeinflussung groß werden können.«

Im Prenzlauer Berg spürt Matthias Kohl das oppositionelle Potenzial schon früh, die evangelische Zionskirche liegt nur einen Steinwurf entfernt. Guten Kontakt pflegt er mit der Bürgerrechtlerin Bärbel Bohley, die ein paar Häuser weiter wohnt und ihn für eine Mitarbeit im Neuen Forum gewinnt. Nach der Großdemonstration auf dem Alexanderplatz am 4. November 1989 rumort es in der Gemeinde immer mehr, und es gründen sich auch in Herz Jesu politische Gruppen: »Die Leute wurden auf einmal alle aktiv.« Ihn treibt nach dem Fall der Mauer vor allem die erste freie Wahl zur Volkskammer im März 1990 um: »Wir wollten schauen, dass dort alles mit rechten Dingen zugeht.« Mit Akribie und Organisationstalent sorgt er dafür, dass in jedem Wahllokal auf dem Pfarrgebiet mindestens ein Vertreter der Katholischen Kirche als Beobachter anwesend ist. Sein politisches Engagement fährt er mit der Wiedervereinigung zurück und blickt heute dankbar zurück: »Ich bin heilfroh, dass es so gekommen ist.«

Die Suche nach einem Versteck

Die Veränderungen in den 1990er Jahren sorgen für eine stärkere Sichtbarkeit der Kirche in der Öffentlichkeit. »Das Juwel Herz-Jesu-Kirche wurde von den Menschen entdeckt«, freut sich Matthias Kohl. Eine von ihnen ist die Tochter von Karl Müller, einem Juden, der in Herz Jesu während der NS-Zeit Unterschlupf gefunden hat. Sie suchen gemeinsam im verwinkelten Gebäudekomplex nach dem genauen Ort des Verstecks. Kurz bevor sie aufgeben, werfen sie noch einen Blick in den Keller unter der Sakristei – und finden ihn. Matthias Kohl, der sich schon seit den 1980er Jahren mit Margarete Sommer, die ihr Büro in Herz Jesu hatte, und mit ihrer Arbeit für das Bischöfliche Hilfswerk beschäftigt, entdeckt für sich einen weiteren ganz besonderen Ort in seiner Gemeinde. Margarete Sommer, diese engagierte Sozialarbeiterin und Gegnerin des NS-Regimes, ist ihm über die Jahre auch zu einem Vorbild geworden. Die »strenge, klare und kompromisslose Frau« hätte er gern persönlich kennengelernt. Daran, dass heute wieder eine Ausstellung in eben diesem Sakristeikeller an Margarete Sommer erinnert, hat er wesentlichen Anteil.

Durchschnittsalter 32 Jahre

Als Konstante in turbulenten Zeiten erlebt Matthias Kohl auch die stetigen Zuzüge von Menschen aus dem Westen der Republik in den Prenzlauer Berg in den 2000er Jahren. Die Gemeinde wird immer jünger, so dass 2008 das Durchschnittsalter bei 32 Jahren lag: »Die Leute sind in die Kirche gekommen und haben keine grauen Haare gesehen.« Matthias Kohl fällt es teilweise schwer, genügend Termine für alle angemeldeten Taufen zu finden. Es ist schwierig, eine Gemeinde zusammenzuhalten und Traditionen zu stiften. Heute blickt er aber auch mit Wehmut auf diese Zeit. Die vielen Austritte und die wenigen Taufen bereiten ihm große Sorge. Daran werde eine Krise der Kirche deutlich, die er nicht auf das Angebot vor Ort zurückführt, sondern auf den Missbrauchsskandal, dessen schleppende Aufar-

beitung und die damit verbundene negative Berichterstattung. Selbst katholische Familien überlegen heute, ob sie ihre Kinder taufen lassen, fragen sich, was wohl die Freunde dazu sagen, die bereits ausgetreten sind. Und wer sich für die Taufe entscheidet, steht vor der nächsten Herausforderung: »Manche Familien haben Sorge, keinen katholischen Taufpaten zu finden, weil so viele ausgetreten sind.«

An Kirchenpolitik und dem Jammern über »die da oben« hat der Mann, der in seinem Alltag erste kirchliche Anlaufstelle für so viele ist, kein Interesse. »Wenn man seinen Glauben an Menschen festmacht, ist das nicht richtig«, sagt Matthias Kohl. Er leistet seinen Beitrag vor Ort und folgt seiner Berufung, spricht direkt mit den Menschen, nimmt ihre Sorgen wahr. Und wenn er mal nicht selbst helfen kann, versucht er, eine Tür zu öffnen. »Das ist mein Glaubenszeugnis. Ich zeige den Menschen, dass es hier anders läuft. Dass es auch anders sein kann.« In seinem Pfarrbüro repräsentiert Matthias Kohl die Kirche, und er weiß, worauf es ankommt: »Wenn du hier unerlöst und gestresst aussiehst, sagt der andere: Warum soll ich denn Christ werden, wenn ich dann so aussehe wie du?«

»Wenn du unerlöst und gestresst aussiehst, fragt sich der andere: Warum soll ich denn Christ werden, wenn ich dann so aussehe wie du?«

Fragt man Matthias Kohl, ob er die Gottesdienste in Herz Jesu entspannt mitfeiern kann, schießt sofort ein »nee« aus seinem Mund: »Ganz klar nein. Hier nicht. Woanders ja.« Zu viele Jahre war er Küster, er achtet auf jedes Detail. In Sachen Glauben hält er sich an den heiligen Augustinus: »Wer singt, betet doppelt.« Ihm ist es wichtig, nicht irgendwo zu singen oder einfach nur tolle Konzerte zu geben. Der Chor der Gemeinde im Gottesdienst ist sein Gesangsort: »Was da rüberkommt ist nicht erklärbar, das kann man nur spüren.«

»Es kann so einfach sein«

Im Jahr 2007 hat Matthias Kohl sein Küster- und Hausmeisterwissen mit ins Gemeindebüro gebracht, er arbeitet seitdem als Verwalter und Sekretär. Kein Bereich ist ihm fremd, da wird ein tropfender Wasserhahn zwischendurch repariert oder bei der Raumplanung darauf hingewiesen, dass es keine gute Idee sei, während einer Bandprobe der Jugend im Keller eine ruhige Meditation in der Kirche gestalten zu wollen. Er weiß, wie der Laden läuft, arbeitet eng mit den Seelsorgerinnen und Seelsorgern zusammen. Der Austausch und ein solides Vertrauensverhältnis geben auch ihm den Spielraum, um Entscheidungen zu treffen, die allen Engagierten viel Zeit und Energie ersparen. Für ihn gilt: »Es kann so einfach sein.« Für seine Arbeit, die keinen Stundenzettel kennt, erfährt er viel Dankbarkeit, ist als »Ermöglicher« und gute Seele beliebt. Matthias Kohl versteht sein Tun als Beitrag zum Zusammenhalt. Trotz hoher Fluktuation und einer großen Vielfalt an Lebenswegen soll Herz Jesu ein Ort sein, an dem Menschen Gott erfahren können, sich wohlfühlen, an den sie wiederkommen und dem sie die Treue halten.

Es gleicht einem Wunder, wenn Matthias Kohl nach über 40 Dienst- und 62 Lebensjahren in und um Herz Jesu ohne zu zögern sagt: »Ich bin nie einen Tag hergekommen und habe gesagt, oh nein, jetzt muss ich wieder arbeiten.« Und doch glaubt man es ihm sofort.

Marcel Hoyer

Marcel Hoyer

aufgewachsen in Thüringen, ist in Berlin katholisch geworden. Seit seiner Jugend interessieren ihn Transformationserfahrungen der Menschen in Ost- und Mitteleuropa. Der Kommunikationswissenschaftler begeistert sich für kreative Konzepte in der politischen Bildungsarbeit und für Menschen, die etwas in Kirche und Gesellschaft bewegen wollen. Er ist Geschäftsführer des Diözesanrats der Katholiken im Erzbistum Berlin.

Das Gesetz des Gewissens

Die Berlinerin Dr. **Margarete Sommer** *(1893–1965) setzte sich als Geschäftsführerin des »Hilfswerks beim Bischöflichen Ordinariat Berlin« für verfolgte Juden und gegen die NS-Rassengesetze ein*

Gretchens Frage an Faust: »Nun sag, wie hast du's mit der Religion?« hätte Margarete Sommer klar und eindeutig beantwortet: Katholisch, was sonst! Margarete (Grete) Sommer wurde am 21. Juli 1893 in Berlin geboren. Sie wuchs in gutbürgerlichen Verhältnissen auf, ihr Vater war Eisenbahn-Rechnungsrat. Doch ihre Jugend endete, wie auch die Kaiserzeit, mit dem Ersten Weltkrieg, ein in diesem Ausmaß an Gräueltaten bis dato nicht gekannter Krieg. Begriffe wie »Kanonenfutter« oder »Menschenmaterial« prägten die deutsche Sprache und lehrten selbst anfängliche Kriegsbefürworter das Fürchten.

Im Schicksalsjahr 1914 hatte sie am Werner-Siemens-Realgymnasium in Berlin-Schöneberg die Abiturprüfung abgelegt. Anschließend studierte sie Philosophie, Nationalökonomie, Geschichte und Rechtswissenschaft an der Friedrich-Wilhelms-Universität Berlin und der Ruprecht-Karls-Universität Heidelberg. In den Kriegsjahren musste sie das Studium jedoch mehrfach unterbrechen: Die Schwindsucht, wie der Volksmund die Tuberkulose nannte – damals eine höchst gefährliche Lungenerkrankung – zwang sie dazu. In der Weimarer Republik, genauer im Jahr 1924, mit 31 Jahren, schloss sie das Studium mit der Promotion über »Die Strafgefangenenfürsorge, eine kriminalistisch-sozioökonomische Untersuchung« ab.

In der Zeit zwischen den Weltkriegen lehrte Margarete Sommer an der Wohlfahrtsschule des Katholischen Deutschen Frauenbundes (KDFB). 1927 wurde sie hauptamtliche Dozentin am Fürsorge-

Seminar des Pestalozzi-Fröbel-Hauses in Berlin-Friedenau, einer der ältesten Ausbildungsstätten Deutschlands für soziale Berufe.

Nach dem Evangelium leben

1932 schloss sie sich der Dominikanischen Laiengemeinschaft an. In der Spiritualität des Dominikanerordens hatte sie ihre geistliche Heimat gefunden. In dieser Tradition wollte sie ihr Leben gestalten, das Apostolat des Ordens, die Verkündigung des Evangeliums, mittragen und dem Evangelium gemäß handeln.

Die Machtübernahme der Nationalsozialisten 1933 führte für sie unweigerlich zu Konflikten im beruflichen Umfeld. Als Dozentin hätte sie die nationalsozialistische Rassenhygiene sowie deren Umsetzung gemäß der Nürnberger Rassengesetze gegenüber ihren Schülerinnen vertreten sollen. Dies war unvereinbar mit ihren katholischen Grundsätzen und ihrem Menschenbild. Als sie sich 1934 weigerte, die Zwangssterilisation von Menschen mit Behinderung zu lehren, wurde Margarete Sommer genötigt, ihre Kündigung einzureichen. Nach Ende des Krieges sagte sie hierzu: »Gesetz und Recht haben sich damals nicht gedeckt. Deshalb war das Gesetz des Staates dem höheren Gesetz des Rechtes, nämlich dem Gesetz des Gewissens untergeordnet.«

Margarete Sommer folgte ihrem Gewissen. In Treue zu ihren Überzeugungen nahm sie Arbeitslosigkeit und damit verbundene finanzielle Einbußen in Kauf. In der Folgezeit setzte sie sich entsprechend ihrer fachlichen Qualifikation im Raum der Kirche ein: 1935 wurde sie Geschäftsführerin des Katholischen Fürsorgevereins für Frauen, Mädchen und Kinder, 1939 Diözesanleiterin für Frauenseelsorge im Bischöflichen Ordinariat Berlin unter Bischof (später Kardinal) Konrad Graf von Preysing.

Geschäftsführerin des katholischen Hilfswerks

Im September 1941 übernahm Margarete Sommer die Geschäftsführung des »Hilfswerks beim Bischöflichen Ordinariat Berlin«. Es war im August 1938 errichtet worden, um die bisherige Tätigkeit des Caritas-Notwerks für katholische »Nichtarier« unter kirchenamtlichem Dach, also in der Letztverantwortung des Bischofs, fortsetzen zu können. Aufgabe des Hilfswerks war es, die als »Nichtarier« verfolgten Katholiken sowie ihre Familienangehörigen, ungeachtet deren Konfession oder Religion, bei der Wohnungs- und Arbeitssuche sowie bei der Emigration aus Deutschland zu unterstützen.

Bischof Preysing, der das Hilfswerk mitbegründet hatte, ernannte Dompropst Bernhard Lichtenberg zum Referenten für die »Angelegenheiten der katholischen Nichtarier«. Mit Margarete Sommer verband ihn der Einsatz für ›nichtarische‹ Christen wie für nicht getaufte Juden. Unter dem Eindruck der sogenannten Reichspogromnacht im November 1938 betete der Dompropst jeden Sonntag in der St. Hedwigs-Kathedrale öffentlich für die »schwer bedrängten nichtarischen Christen und Juden« und protestierte 1941 in einem Brief an den Reichsärzteführer gegen die systematische Ermordung unheilbar Kranker sowie von Menschen mit geistiger oder körperlicher Behinderung. Bernhard Lichtenberg starb 1943, zwei Jahre nach seiner Verhaftung, auf dem Transport ins Konzentrationslager Dachau.

»Gesetz und Recht haben sich damals nicht gedeckt. Deshalb war das Gesetz des Staates dem höheren Gesetz des Rechtes, nämlich dem Gesetz des Gewissens untergeordnet.«

Mit Zunahme der Unterdrückung und der Schikanen gegenüber der jüdischen Bevölkerung gewann deren materielle Unterstützung an Bedeutung. Als es den Juden untersagt wurde zu arbeiten, sah sich das Hilfswerk in der Pflicht, sie bei der Beschaffung von Lebensmittelkarten, Kleidung sowie Wohnraum zu unterstützen. Mit dem Auswanderungsverbot und der Deportation jüdischer Bürger ab 1941 intensivierte sich die Arbeit des Hilfswerks.

Unermüdlich kämpfte Margarete Sommer gegen die menschenverachtenden Rassegesetze der Nationalsozialisten. Sie gelangte an Deportationslisten von zum Katholizismus konvertierten Juden, kannte somit deren Namen sowie die Termine der Deportationen. Mittels getarnter Telefongespräche mit Gemeindepfarrern wurden die Betroffenen vor einer bevorstehenden Deportation gewarnt und durch das Hilfswerk bei der Vorbereitung darauf unterstützt. Die Herausforderungen waren enorm, da zwischen der Mitteilung der Evakuierung und der Abholung oft nur wenige Stunden lagen. Margarete Sommer organisierte eine Gruppe Freiwilliger, die den Betroffenen halfen, sich, so gut es irgend ging, auf ihre Deportation vorzubereiten.

Sonjas »Schutzengel«

Untergetauchten Juden half Margarete Sommer, sich in der Herz-Jesu-Kirche in Prenzlauer Berg und an anderen Orten Berlins zu verstecken. Nur wenige Vertraute weihte sie in diese Aktivitäten ein, um die Arbeit des Hilfswerks sowie alle in diese Arbeit involvierten Personen zu schützen.

Eine Geschichte erzählt von Sonja Goldwerth, die sich an Margarete Sommer als ihren »Schutzengel schlechthin« erinnert. Das Hilfswerk meldete Sonja und ihren Bruder Maximilian für einen Kindertransport nach England an, um sie vor der Verfolgung durch die Nationalsozialisten zu schützen. Der Ausreiseversuch scheiterte, doch Margarete Sommer setzte sich weiterhin für die Kinder ein. Maximilian wurde dennoch verhaftet und nach Buchenwald verschleppt. Er überlebte die Zeit im Konzentrationslager. Sonja wurde von ihrem »Schutzengel« an unterschiedlichen Orten versteckt, darunter auch in einem Heim für junge Frauen, das von Ordensschwestern betrieben wurde.

Im Keller der Herz-Jesu-Kirche in der Fehrbelliner Straße 99 ist eine Dauerausstellung über Margarete Sommer und ihr Lebenswerk zu besichtigen – in denselben Räumen, in denen verfolgte Juden Todesangst ausstehen mussten. Die Räumlichkeiten sehen zum großen Teil noch genauso aus wie damals. Sogar Teile des Inventars sind erhalten geblieben.

Ein großer hölzerner Wäscheschrank steht noch immer an derselben Stelle. Was er wohl alles gesehen, welche Erschütterungen er gespürt haben mag, lässt sich nur vermuten ...

Heute wird wieder über das Erstarken des Rechtsextremismus, des Nationalismus sowie der Fremdenfeindlichkeit debattiert. Man wundert sich – sind doch gerade einmal 80 Jahre seit dem Ende des Zweiten Weltkriegs vergangen. Zeitzeugen wie die Holocaust-Überlebende Margot Friedländer berichten unermüdlich vom unermesslichen Leid, das sie gesehen, gehört, gespürt haben. In diesem Zusammenhang steht ein Ausspruch Margarete Sommers aus dem Jahr 1952, sieben Jahre nach Kriegsende: »Was mich am meisten bedrückt, ist die Erkenntnis, dass wir aus all dem Furchtbaren so wenig gelernt haben.«

»Was mich am meisten bedrückt, ist die Erkenntnis, dass wir aus all dem Furchtbaren so wenig gelernt haben.«

Quälende Selbstzweifel

Ihr Handeln für die Verfolgten begründete sie mit der Überordnung des Gewissens über das Gesetz des Staates. Für ihr mutiges Eintreten für verfolgte Juden und ihren Kampf gegen die Rassengesetze wurde sie von der israelischen Holocaust-Gedenkstätte Yad Vashem postum mit dem Ehrentitel »Gerechte unter den Völkern« ausgezeichnet. Obwohl sie sowohl weltliche als auch kirchliche Ehrungen erhielt, plagten sie heftige Selbstzweifel. Sie fragte sich, inwieweit auch ein Handeln »um zu retten, was zu retten ist«, politisch als ein »Mitmachen« ausgelegt werden könne: »Weil ich selbst diese seelischen Kämpfe […] durchstehen musste, weil ich durchhielt – um zu retten, was man retten zu können glaubte – und dann doch einsehen musste, dass man mit diesem ›Bleiben‹ nicht nur die jungen Menschen, die einem anvertraut sind, sondern alle, für die man ein Art Vor-Bild (in aller Bescheidenheit) sein soll, täuscht und in die Irre führt, wenn man sein Handeln nicht kompromisslos am Gewissen, an Gottes Gesetz orientiert, […] dass jedes auch nur scheinbare Mitmachen ein schweres Unrecht ist.«

Die Aufgaben, die Margarete Sommer während der dunkelsten Zeit der deutschen Geschichte zufielen, waren eine große Herausforderung, verlangten Mut und Zivilcourage. Mit all ihren Selbstzweifeln und dem Wissen um die Schwierigkeiten des Handelns unter den Bedingungen einer nationalsozialistischen Diktatur bleibt sie eine bemerkenswerte Frau, von der nachfolgende Generationen lernen können, was es heißt, sich nicht ängstigen zu lassen, sondern dem »Fürchtet euch nicht« zu vertrauen, das Jesus Christus allen Menschen guten Willens zuspricht (vgl. Mt 17,7).

Margarete Sommer – ein Name, so warm und blumig; die Frau, die diesen Namen trug, war fest verankert in ihrem Glauben an Gott und an die Unverhandelbarkeit der Menschenrechte. Ihre Geschichte erinnert daran, dass auch in düstersten Zeiten Einzelne durch ihre Entschlossenheit und ihren Einsatz für das Gute einen großen Unterschied machen können.

Isabelle Galioit

Isabelle Galioit

geboren am 24. Dezember 1988, studierte Islamwissenschaft, Sinologie und Religionswissenschaft in Freiburg und Berlin. Beruflich war sie als (angehende) Hebamme, Versicherungskauffrau und Migrationsberaterin tätig, bis sie als Hörfunk-Redakteurin für das Erzbistum Berlin zu arbeiten begann. Aus ihrer bayerischen Heimat hat sie ein Faible für spätmittelalterliche Madonnen mitgebracht.

»Wir werden uns sehen, so lange der Herrgott das möglich macht«

Christin Bosbach *über ihren Bruder, den Berliner Erzbischof Dr. Heiner Koch*

Ich bin oft hier und in meinem Herzen und Gebeten sowieso, denn der Erzbischof ist mein Bruder.

Mein Bruder wollte bereits als kleiner Junge Priester werden. Er spielte schon als Kind Pfarrer und benutzte Mutters Mehlmaß als Messkelch. Katholisch sein, in diesem Glauben aufwachsen, das praktizierten wir in unserer Familie ganz selbstverständlich. Das war für uns so selbstverständlich wie das Atmen der Luft. Mein Bruder praktizierte nicht nur, schon frühzeitig reflektierte er. Ich bin älter als er.

Als seine Entscheidung, Priester zu werden, feststand, war ich als junge Frau bereits verwitwet und sorgte für meine beiden kleinen Söhne; ich war Lehrerin. Wenn es mein Beruf notwendig machte, beaufsichtigten meine Eltern und die Schwiegermutter die Kinder. Obwohl mein Bruder nicht am gleichen Ort wie ich wohnte, half er sofort aus, wenn es nötig war. Er war einfach für uns da, immer. Bücher waren stets seine Begleiter.

Vor seiner Priesterweihe habe ich an die Menschen gedacht, zu denen er sprechen, denen er zur Seite stehen würde, mit denen und für die er beten würde. In meinem Herzen war die leise Sorge, ob nicht alles sehr schwer auf seinen Schultern lasten würde, ob er alles tragen könnte, weil er stets bereit war Menschen helfen zu wollen. Ich musste lernen, diese Sorge abzugeben. Er traf damals eine Lebensentscheidung, er tat es mit tiefem Ernst und großer Freude. Ich habe mich mit ihm gefreut und freue mich heute noch.

Als er dann nach Berlin ging, war ich zunächst erschrocken. Er war weit weg, und ich fragte mich, was ihn erwartete: die Bundeshauptstadt, das flächenmäßig sehr große Bistum, die Regierungen, die Parteien, die Demonstrationen. Berlin gilt als nicht religiöse Stadt, aber als eine Stadt, in der Überzeugungen gelebt werden. Seine Überzeugung lebt mein Bruder, und er achtet die anderen. Das machte mich zuversichtlich.

Ich darf meinen Bruder erleben bei seinem Wirken im Bistum und bei den Aufenthalten in seiner Wohnung. Viele Erinnerungen werden dort lebendig. So schmücken wir die Wohnung zu Weihnachten und zu Ostern, wie wir es bei den Eltern taten.

Drei Worte soll ich über ihn sagen: Da ist erstens sein Glaube, der ihn trägt, ihm Kraft verleiht. Zweitens: Er ist zu jeder Zeit für den Anderen da. In Güte und Wachsamkeit tritt er ihm gegenüber, bereit zu helfen. Niemals würde er schlecht über einen Menschen reden. Drittens: Mein Bruder besitzt eine frohe Natur. Er feiert Karneval und fährt gerne bei der Kölner Prinzengarde im Rosenmontagszug mit.

Sein Bischofswort hat er sehr bewusst gewählt: »Freut euch allezeit! Der Herr ist nahe.« Für meinen Bruder ist die Freude des Bischofswortes etwas anderes als die Freude des Karnevals: Der Herr ist immer da, auch in schweren Stunden. Dies ist der bleibende Grund seiner Freude.

Wir werden uns sehen, so lange der Herrgott das möglich macht.

»Es gibt tausend Gründe für Pessimismus. Ich gucke lieber: Wo ist Hoffnung?«

Erzbischof Dr. **Heiner Koch**

Was ist er für ein Mensch, was ist ihm wichtig?

An einem frühen Morgen fahre ich mit meinem Rad über Kopfsteinpflasterstraßen zum Wohnhaus des Erzbischofs, dorthin, wo der Mensch Heiner Koch wohnt. Ein Porträt soll entstehen. Ich fahre also dorthin, von wo aus er morgens startet in alle diese Tage seiner Arbeit. Beruf? Berufung? Amt? Da sind wir schon mitten in inhaltlichen Überlegungen, auf die wir beide wohl unterschiedlich schauen – mal sehen. Er, Oberhaupt der Katholischen Kirche im Erzbistum Berlin, und ich, evangelische Pfarrerin in Brandenburg an der Havel.

Er hat Kaffee gemacht, und wir stellen fest, dass wir ähnlich starten morgens. Und doch unterschiedlich. Heiner Koch erzählt von seinem Morgen: Wie er aufsteht, sich einen ersten Kaffee kocht und dann in seine Kapelle geht. Ja, er hat eine eigene kleine Kapelle in seinen privaten Räumen. Er betet dort die Laudes, dieses uralte Gebet der Mönche, das seinen Platz am Anbruch des Tages hat; ein Lob Gottes für das neue Licht, den anbrechenden Tag, das Ende der Nacht. Lob ist nah am Dank, liturgisch.

Auch ich kenne diese tiefe Dankbarkeit, und es ist mir wichtig, mich zu Beginn des Tages darauf innerlich einzustimmen. Mein Gebet hat aber eher mit Bewegung als mit Innehalten zu tun: Ich bete früh auf dem Fahrrad, spätestens. Ich denke, vielleicht ist es gut, einen festen Ort dafür zu haben; hinzugehen zu Gott, statt zu hoffen, dass er einfach da ist. Ich nehme mir vor, es auszuprobieren.

Und er erzählt, dass er, wenn für diesen Tag kein Gottesdienst mit anderen in seinem Kalender steht, auch eine ganze Messe betet, früh am Morgen, alleine mit Gott. Das ist ein wunderschöner Gedanke; ich schließe die Augen und stelle es mir vor. Er sagt: »Jeder Tag ist von Gott aufgetragen und geschenkt. Das ist eine tief geistliche Angelegenheit. Ich weiß am Morgen, dass der Tag anders wird. Hoffe, dass ich ruhig und überlegt handeln kann. Das Geistliche, ja, das ist es, was mir Mut macht.« Bei schönem Wetter, erzählt er, betet er die Laudes auch oft auf der Terrasse, das sei oft noch schöner als in der Kapelle. Ja, das kann ich mir sofort vorstellen, das haben wir gemeinsam.

Neugierig, offen, ohne Misstrauen

Nun sitzen wir an seinem Tisch. Weißes Porzellan, schlichte Gläser, fünf weiße Nelken, ein Apfel. Er sieht mich an. Was mag er denken? Hat er Sorge vor unserem Gespräch, ist ihm wichtig, wie er ankommt? Draußen ruft eine Möwe am Teltowkanal, ich spüre, wie still es hier ist. Sein Blick ist ohne Misstrauen, neugierig, offen.

Mut, das war meine erste Frage gewesen. Ich dachte, so eine Frage führt ihn vielleicht weg von der Sorge, es könnte jetzt gleich um aktuelle Probleme gehen. Seine Position. Ich möchte aber eher wissen: Was ist er für ein Mensch, was ist ihm wichtig: er, ein Funktionsträger in dieser riesigen weltumspannenden Kirche mit ihrer uralten Geschichte, ihren hierarchischen Strukturen, die so altmodisch sind und zugleich doch den Fortbestand der Kirche bis heute bewahren konnten.

Sein linker Mundwinkel rückt ein wenig nach außen, ein Lächeln, das auch in die Augen springt. Er fängt an zu erzählen. Von Hoffnung, die er spürt, wohin er auch kommt. Zum Beispiel in Oberschöneweide, wo er kürzlich fünf neue Glocken geweiht hat: »Diese Sehnsucht nach Hoffnung«, sagt er, »sie haben sich so die Glocken gewünscht, und in kurzer Zeit waren wirklich 290 000 Euro Spenden da. Und da stand eine Frau vom Bezirksamt und sagte, sie spürt eine spirituelle Sehnsucht.«

Oder als es einen Gottesdienst für die Erstkommunionkinder gab und das Angebot, zum Segen nach vorne zu kommen, und fast alle kamen. »Ein Kind sagte mir, sein Papa sei im Himmel. Ein Vater sagte, er erziehe ganz alleine. Ein Kind sagte, sein Papa käme nicht zur Kirche, aber die Mama. Ich habe gespürt: Gott ist da.«

Üben, von Hoffnung zu reden

Ruhig schaut er auf den Apfel, der da vor ihm auf dem Tisch liegt. Sagt: »Es gibt tausend Gründe für Pessimismus. Ich gucke lieber: Wo ist Hoffnung. Sie will ich leben, und ich lasse sie mir nicht ausreden.« Er sagt, wie er übt und sich bemüht, sprachfähig zu sein bezüglich seiner Hoffnung. Das sei eigentlich, was er tue den ganzen Tag: Zu üben, über Hoffnung zu reden: »Wir schweigen über unsere Hoffnung, weil uns die Worte fehlen – nein! Es gibt so viele Gelegenheiten, Hoffnung zu setzen in dieser Zeit. Immer konkret.«

Ich muss an ein Gespräch neulich mit einer Kollegin denken. Sie ist evangelische Pfarrerin an einem Berliner Krankenhaus. »Der Erzbischof?«, sagte sie. Und erzählte vom ersten Gottesdienst direkt nach dem Attentat auf dem Berliner Weihnachtsmarkt. Ökumenisch, alle Kirchen-Oberen in der Gedächtniskirche: »Er war es, der Worte für mein Herz gefunden hat, er stand da als Mensch, und es war Seelsorge.«

Er erzählt von der kroatischen Gemeinde beim Internationalen Rosenkranzgebet. Ein Kind habe dort etwas vorgetragen in seiner Sprache. Es stockte, ein Erwachsener half. »Hinterher kam das Kind zu mir und sagte: Ich kann es nicht besser. Und ich sagte: Besser als du kann man es nicht machen! Und wie es dann gelacht hat…«

Heiner Koch kann natürlich auch Hochsprache, sagt, die Brauen leicht hochgezogen: »Hoffnung muss man immer teilen. Wir haben sie nicht, wir entdecken sie im Teilen. Auch in nüchternen Sachfragen. Alles meinem Gott zu Ehren – das ist meine Perspektive und mein Grund.« Aber seltsam, in seinem nüchternen rheinländischen Ton klingt selbst das ganz natürlich.

Der Synodale Weg, das Erzbistum und die Steine im Altar

Wir schlagen einen Bogen über Stichworte. Sein katholisches Menschenbild: »Wir sind von Gott angenommen in aller Verschiedenheit, in all unseren Schwächen ist Gott da, sein Zugang zu uns ist Vergebung.« Über den Synodalen Weg: »Der Grundgedanke, dass wir synodal sind, ist so alt wie die Kirche. Als Weg gedacht muss es ein geistlicher Weg sein, immer in der weiten Dimension!« Über das Erzbistum Berlin: »Der katholische Glauben kam von außen hierher. Von Schlesien, später dann dadurch, dass hier die Hauptstadt ist, das zieht Menschen in unterschiedlichsten Bezügen an. Auch durch die Universitäten, die junge Menschen hierher ziehen lassen. Und das sind ja keine einheitlichen Gruppen.« Bis hin zum neuen Altar von Sankt Hedwig, gegossen aus lauter Steinen, die Menschen mitgebracht haben, das begeistert ihn: »Hoffnungspunkte, wo Gott jedem Einzelnen nahe war in Trauer, in Freude, in Sehnsucht, am zentralen Punkt der Kathedrale zusammengeführt.«

Aber dass wir beide hier sitzen, hat ja die Idee zum Grund, dass ein katholischer Priester mit einer evangelischen Pfarrerin sprechen soll. Also auf zur Zielgeraden: Was denkt er über die Evangelische Kirche, über Frauen im Verkündigungsdienst?

Evangelisch. Das Wort mag er eigentlich nicht hergeben, ums Evangelium geht es auch ihm. Die Evangelische Kirche habe eine eigene geschichtliche Entwicklung, eine eigene Prägung. Das sei ein eigener synodaler Weg. »Gemeinsam fragen wir, wie wir mit unseren Unterschieden zusammengehen. Die Idee des Pfarrhauses finde ich schön; Tradition in der

Familie leben und weitergeben. Den weitgehenden Verzicht auf hierarchische Strukturen – da würde mir etwas fehlen, wegen der Sakramentalität. Das Verbindende umkreisen, das finde ich ein hilfreiches Bild.«

Keine falschen Kompromisse

Dass er so offen dazu steht, dass ihm hierarchische Strukturen ein wichtiger Halt sind, beeindruckt mich – so offen unmodern. Ich denke, das passt zu ihm, so erlebe ich ihn: Er will verstanden werden, deutlich sein, aber keinesfalls biedert er sich an. Keine falschen Kompromisse.

Und die Frauen? Eine Pfarrerin? Stimmt es, dass nach katholischer Lehre eine Frau rein physisch nicht in der Lage wäre, die Weihe zu empfangen? Ich sage es gleich: Er bleibt skeptisch, aber kann es auf eine unverletzende Art. Ich bleibe sein Gegenüber, auf Augenhöhe. Höre seine Erklärung: »Ich bin damit groß geworden, dass Mann zu sein ein sakramentales Zeichen ist. Das ist nicht besser oder schlechter, nicht oben oder unten, es ist anders. Mann und Frau unterscheiden sich. Das hat eine mystische Stimmigkeit, es ist ein Geheimnis. Gott aber ist Mensch geworden, nicht Mann oder Frau.«

Das sei offen für beide Lesarten. Theologisch gebe es zwei mögliche Sichtweisen auf die Frage: In der Schöpfungsgeschichte ist der Mann der zuerst von Gott Angesprochene, Beauftragte. Der Mann gibt der Frau den Namen. In der Bildsprache ist er der Gebende, die Frau die Empfangende.

Gott wurde Mensch …

Aber auch: Beide, Mann und Frau, können das sakramentale Menschwerden Gottes repräsentieren. Das ist theologisch möglich, denn Gott ist Mensch geworden. In der Liturgie sind beide, sind wir alle, wesentlich Empfangende.

Er sagt: »Beide Sichten sind auf ihre Weise stimmig.« Also könnte es auch in der Katholischen Kirche ordinierte Frauen geben, oder? Der Erzbischof und Mensch Heiner Koch sitzt mir gegenüber und sagt: »Ich selbst kann nur in meiner Zeit denken. Es gibt historische und regionale Unterschiede wie in der Evangelischen Kirche auch. Es gibt neue Gedanken, immer. Ich möchte den Weg gemeinsam mit der Kirche gehen, immer konkret. Aber vielleicht bin ich für so eine Frage auch der falsche Adressat.«

Na gut. Ich höre eine Bescheidenheit in Bezug auf die eigene Position, das ist sympathisch. Ich denke an den jungen spanischen katholischen Geowissenschaftler, der neulich in meine Katharinen-Kirche kam und mit dem ich über dieses Thema sprach. Es war ein kurzes Gespräch: Selbstverständlich könne er sich Priesterinnen auch in seiner Kirche vorstellen, das sei doch bloß dieses uralte Männer-Ding, sagte »Machismo« und zog die Schultern hoch.

Kind des rheinischen Katholizismus

Heiner Koch steht dazu, dass er selbst in einer bestimmten Tradition steht, aufgewachsen im rheinischen Katholizismus, in dem das »Katholische« wie die Luft zum Atmen war, so hat er es beschrieben. Mystische Stimmigkeit, Geheimnis; er als der »vielleicht falsche Adressat«. Das ist ein bisschen kokett, finde ich. Ich traue ihm mehr zu, Deutlicheres. Aber den langen Atem für große Prozesse, den fordert er ein an wichtigen Stellen, und immerhin schließt er einen grundsätzlichen Wandel nicht kategorisch aus. Das kann ich respektieren.

Er wechselt das Thema. Das Wort »katholisch« hat ihn direkt zur Hoffnung zurückgeführt, und erzählt von Erwachsenentaufen, die er als typisch für den Berliner Raum erlebt. Fach-Terminus »Entscheidungschristentum«, er spricht von Diaspora-Wirklichkeit. Menschen haben Hoffnung, so kommen sie zur Taufe. Er erzählt: »Jemand hat bei einer Beerdigung gespürt, dass hier, in der Kirche, dem einzelnen Menschen ein besonderer Wert zukommt. Er ließ sich taufen. Ein Elternpaar mit einem behinderten Kind ebenso, sie haben erlebt, dass gerade Christen sich auf besondere Weise um dieses Kind kümmern, sie haben so ein Vorbild gefunden.« Und noch eine Begebenheit fällt ihm ein: »Ich habe eine 87 Jahre alte Frau getauft, weil ihr Mann bei seinem Tod gesagt hatte: ›Vielleicht sehen wir uns wieder …‹ Sie hofft, ihn wiederzusehen. Sie war die erste Getaufte in ihrer Familie.«

»Ich habe eine 87 Jahre alte Frau getauft, weil ihr Mann bei seinem Tod gesagt hatte: ›Vielleicht sehen wir uns wieder …‹«

Evangelisch und katholisch das Gemeinsame leben

Es wird still, wir lauschen beide auf das Gesagte, Gedachte. Ich denke, wenn er das Wort »evangelisch« behalten möchte, weil es auch ihm als Katholiken ums Evangelium geht, dann möchte ich das Wort »katholisch« mitbenutzen, heißt es doch »allgemein«. Für alle, allen gemeinsam, alle zugleich. Die Kirche aller Christen. Ich habe als evangelische Pfarrerin kein Problem damit, mich im Glaubensbekenntnis zur »heiligen katholischen Kirche« zu bekennen. Ich finde, wir haben das Wesentliche gemeinsam. Als Männer und Frauen, dabei bleibe ich.

Draußen ruft die Möwe. Ob er einen Leitsatz hat, ein Lieblingswort, frage ich. Er sagt: »Gaudete semper, Dominus prope«. Ein alter Satz aus der Bibel (Philipperbrief 4,4), im Latein der Kirche, ausgesprochen vom Erzbischof des Erzbistums Berlin – und zugleich von diesem überzeugenden, freundlichen, katholischen Menschen Heiner Koch: »Freut euch allezeit, der Herr ist nahe!« Er guckt mich an mit diesem offenen Blick, ein Mundwinkel dehnt sich: »Denn es stimmt, der Herr IST nahe, in jedem Lob, und in jedem anderen Menschen. Und ich freue mich gerne!«

Ich hole mein Fahrrad; die Möwe ruft, drüben am Teltowkanal, wo Heiner Koch sein Herz-Training macht, manchmal, hoffentlich. Morgens nach den Laudes. Dominus prope, den Satz habe ich heute neu gehört; bisher hatte er für mich eine zeitliche Note, der Herr ist nahe, schon nahe, er kommt bald. Jetzt hat er eine örtliche, der Herr ist nahe, ist in der Nähe. Jetzt, immer. Ist das katholisch, evangelisch?
Ich freue mich.

Uta Stiller

Uta Stiller

Nach 30 Jahren als Zeitungsredakteurin, zuletzt mit parallelem Theologiestudium, ist Uta Stiller Pfarrerin in Brandenburg an der Havel. Sie hat sich mit 16 Jahren taufen lassen und bewusst für die evangelische Kirche entschieden; auch ermutigt durch ihren sehr inspirierenden Religionslehrer damals, den katholischen Pfarrer in Königstein im Taunus.

Erzbischof Dr. Heiner Koch weiht am 1. November 2023 den neuen Altar der Sankt Hedwigs-Kathedrale

Impressum

Bibliografische Information der Deutschen Nationalbibliothek
Die Deutsche Nationalbibliothek verzeichnet diese Publikation in der Deutschen Nationalbibliografie; detaillierte bibliografische Daten sind im Internet über https://dnb.de abrufbar.

Besuchen Sie uns im Internet: www.st-benno.de

Gern informieren wir Sie unverbindlich und aktuell auch in unserem Newsletter zum Verlagsprogramm, zu Neuerscheinungen und Aktionen.
Einfach anmelden unter www.vivat.de.

Herausgegeben vom Erzbischöflichen Ordinariat Berlin
www.erzbistumberlin.de
Fotos: Walter Wetzler · 2023/24
Diözesanarchiv Berlin (Miniatur auf Umschlag: DAB IX/1-BN 23,13 | Urheber nicht ermittelt
S. 135-139: DAB IX/1-BN 23,03 | Urheber nicht ermittelt · DAB IX/1-BN 23,07 | Urheber nicht ermittelt
DAB IX/1-BN 23,10 | Urheber nicht ermittelt · DAB IX/1-BN 8880,02 | Urheber nicht ermittelt)
Susanne Trotzki (S. 119 unten)
Text-Redaktion: Juliane Bittner
Gestaltung: Stefan Duda
Druck: DCM Druck Center Meckenheim GmbH

ISBN 978-3-7462-6384-7
St. Benno Verlag GmbH, Leipzig · 2024